SABINE RIES

BEST OF BADEN-
WÜRTTEMBERG

W0176853

Sabine Ries

Best of
Baden-Württemberg

Ziemlich beste Ziele

Silberburg-Verlag

www.silberburg.de

Sabine Ries, geboren 1970 in Stuttgart, ist Absolventin der Freien Journalistenschule in Berlin. Sie lebt und arbeitet im Enzkreis als freie Bild- und Textjournalistin für die Tagespresse, verschiedene Magazine und Verlage. Für ihre Ideen und Aktionen zur Gesundheitsaufklärung wurde sie mehrfach ausgezeichnet.

Bildnachweis: Affenberg Salem: S. 107 / Alternativer Wolf- und Bärenpark: S. 113 / Archiv Silberburg: S. 49 / Auto & Technik Museum Sinsheim: S. 61 / Baden-Baden Kur & Touristik GmbH: S. 30 / Badeparadies Schwarzwald TN GmbH: S. 87 / Bäuerliche Erzeugergemeinschaft Schwäbisch Hall: S. 25 / Jürgen Bertsche: S. 78 / Bodensee-Therme Überlingen, Aquapark Management GmbH: S. 91 / Burg Guttenberg: S. 112 / Burg Katzenstein: S. 122 / Calvin Hollywood, Power Car Motodrom Mannheim: S. 101 / chocolART, A. Gonschior: S. 26 / Dr. Th. Coch, Tourismusbüro NGK GmbH: S. 40 / Daimler AG: S. 60 / Deutsches Uhrenmuseum: S. 62 / Dieter Reinke, Vogelpark Steinen: S. 108 / Jost Einstein: S. 51 / Erlebnispark Tripsdrill: S. 111 / Europapark Rust: S. 6, 103 / experimenta GmbH: S. 95 / Roland Fränkle: S. 114 / Gemeinde Fronreute: S. 85 / Harald Grundwald: S. 110 / Histotainment GmbH, Jan H. Sachers: S. 96 / Hochschwarzwald Tourismus GmbH: S. 50 / Horber Ritterspiele, Bianca Göpfert: S. 72 / Hotel Schiefes Haus Ulm, Günter Altstetter: S. 18 / Fritz Junker: S. 76 / Kanuschule Rock the River: S. 82 / Kasenbacher, Schramberg: S. 79 / Kletterwald Biberach, Tiefblick GmbH: S. 94 / Kultur Althoheneck: S. 23 / Landratsamt Biberach: S. 64 / Maimarkt Mannheim: S. 70 / Mainau GmbH: S. 43 / Marc Sansone, Blühendes Barock: S. 97 / Märkte Stuttgart GmbH: S. 28 / Simone Mathias, Gegenwart-Foto Fellbach: S. 77 / Miramar Freizeitzentrum Weinheim: S. 89 / Naherholungszweckverband Breitenauer See: S. 84 / Gerhard Neusser, Landratsamt Rems-Murr-Kreis: S. 36 / Frank Oster: S. 22 / Outletcity Metzingen GmbH: S. 29 / Ravensburger Spieleland: S. 98 / Katrin Ries: S. 4 / Peter Sandbiller: S. 71 / Andreas Schwarzkopf: S. 27 / Sea Life Konstanz: S. 106 / Sonja Bell, Sensapolis: S. 100 / Sport- und Badezentrum Fildorado GmbH: S. 88 / Staatsgalerie Stuttgart: S. 58 / Stadt Besigheim: S. 37 / Stadt Buchen im Odenwald: S. 74 / Stadt Emmendingen: S. 73 / Stadt Karlsruhe, Bäderbetriebe: S. 86 / Stadt Münsingen: S. 39 / Stadt Sigmaringen: S. 121 / Steinwasenpark: S. 99 / Südwestdeutsche Salzwerke AG, Heilbronn: S. 67 / Thomas Blank, Alb Magazin: S. 120 / Tourismus Service Bergstraße e. V.: S. 34 / Tourismus Wertheim GmbH: S. 31 / Tourist Information Bad Wimpfen: S. 10 / Touristik und Marketing Schwäbisch Hall, Eva Maria Kraiss: S. 16 / Touristinformation Lörrach, Burghof Lörrach GmbH: S. 126 / Verein Narrenschopf Bad Dürrheim e.V.: S. 59 / Volker Klei: S. 17 / Alle übrigen Fotos: Sabine Ries.

1. Auflage 2014

Umschlaggestaltung: Christoph Wöhler, Tübingen. Druck: Grammlich, Pliezhausen. Printed in Germany.

ISBN 978-3-8425-1294-8

Besuchen Sie uns im Internet und entdecken Sie die Vielfalt unseres Verlagsprogramms: **www.silberburg.de**

Inhaltsverzeichnis

Eine schwere Aufgabe, nämlich die 100 ziemlich besten Ziele, quasi die Essenz des Ländles, zu filtern, liegt in hochkonzentrierter Form in Bild und Text vor Ihnen. Einfach haben wir uns die Fragestellung nicht gemacht, wer landauf, landab zu den Besten im Land gehört. Überwältigt vom beachtlichen Angebot sammelten und sortierten wir, probierten aus, diskutierten und wägten ab, wer unbedingt, vielleicht, doch nicht oder eigentlich schon dazugehören sollte. Wie vielfältig und unterschiedlich die Ziele im Land sind, zeigt ein Beispiel: In den vier Regierungsbezirken, zwölf Regionen und 35 Land- sowie neun Stadtkreisen fanden wir allein 1300 interessante Museen und hunderte von romantischen wie geschichtsträchtigen Burgen und Schlössern und auch das, was davon efeuberankt noch übrig ist. Dass im Ländle zu allen Jahreszeiten und sich bietenden Gelegenheiten zünftig gefeiert wird, der Spaß und die Freizeitaktivitäten nie zu kurz kommen, sich die Naturschauspiele gegenseitig übertrumpfen, einzigartige Tiere und Pflanzen ein Zuhause gefunden haben, das Land mit Seen, Flüssen und Wasser aus der Tiefe gesegnet ist und unzählige romantische Ecken, verwinkelte Gassen und schmucke Plätze mitsamt Einkaufsmöglichkeiten warten, versteht sich von selbst. In zehn mal zehn Tipps haben wir das Beste, was Baden-Württemberg aus unserer Sicht zu bieten hat, zusammengetragen. Darunter die malerischsten Städte, lebhaftesten Einkaufsmöglichkeiten, traumhaftesten Gegenden, imposantesten Naturdenkmale, eindrucksvollsten Museen, turbulentesten Feste, spritzigsten Wasserfreuden, verlockendsten Freizeiteinrichtungen, faszinierendsten Tierschauen sowie romantischsten Burgen und Schlösser. Die Sortierung variiert in jedem Kapitel und zeigt, wie einzigartig jedes vorgestellte Ziel ist.

Viel Spaß beim Ausprobieren, es lohnt sich!
Sabine Ries

Die malerischsten Städte

von klein bis groß

Bad Wimpfen

Haslach

Waldshut

Gengenbach

Rottweil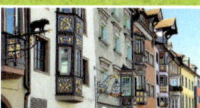

Herrenberg

Schwäbisch Hall

Schwäbisch Gmünd

Ulm

Heidelberg

Bad Wimpfen

Spannende Geschichte und traditionsreiche Märkte

Im idyllischen Neckartal zwischen Heidelberg und Heilbronn liegt die charmante Stauferstadt Bad Wimpfen mit romantischem Ambiente und einer spannenden Geschichte. Die ehemals größte Kaiserpfalz nördlich der Alpen prägt noch heute die Stadtsilhouette durch zahlreiche historische Bauwerke wie den Blauen Turm, das Steinhaus, den Roten Turm, die Pfalzkapelle oder auch die Arkaden des Staufischen Palastes. In der historischen Altstadt laden Gässchen mit Fachwerkhäusern, Museen und Kirchen zum Verweilen ein. Wo einst ein Kastell der Römer stand, befinden sich heute die Ritterstiftskirche und das Kloster Bad Wimpfen mit Kreuzgang.

Im modernen Sole-Heilbad Bad Wimpfen lässt sich neben Gesundheitsangeboten auch ein buntes Programm an Kunst und Kultur, Konzerten, Erlebnis- und Stadtführungen genießen. Der Talmarkt, »das größte Volksfest im Unterland«, der Altdeutsche Weihnachtsmarkt und viele weitere Veranstaltungen und Ausflugsmöglichkeiten runden das Angebot ab.

www.badwimpfen.de

groß

Haslach

Geschützte Marktstadt

Wer in den engen Wohn- und Handwerkergassen bummelt, seine Blicke an den Fassaden wandern lässt oder gemütlich einkehrt, wundert sich nicht, dass die Haslacher Altstadt seit 1978 als Gesamtanlage unter Denkmalschutz steht. An mehr als 90 Markttagen im Jahr besteht in einer außergewöhnlichen Kulisse die Möglichkeit, sich auf verschiedensten Märkten einzudecken. Zudem ist die malerische Marktstadt Haslach mit ihren Plätzen, Brunnen und Kleindenkmalen Mitglied in der »Deutschen Fachwerkstraße«.

Die erste Besiedelung ist im 1. Jahrhundert n. Chr. als römische Straßenstation nachgewiesen. Das Brauchtum spielt über das Jahr hinweg eine große Rolle und beginnt auszugsweise mit dem Dreikönigssingen, geht über den Storchentag und die Fasnacht, schließt den alemannischen Frühlingsbrauch des Scheibenschlagens mit ein und endet mit dem Hirtensingen vor Silvester. Reizvoll ist es zudem, sich auf die Spuren von Heinrich Hansjakob, dem 1837 geborenen Sohn der Stadt und meistgelesenen Autor Badens, zu begeben.

www.haslach.de

groß

Waldshut

Apart, attraktiv und abwechslungsreich

Am Hochrhein, an der Schweizer Grenze gelegen, präsentiert sich das schmucke Waldshut als eine Hälfte der Doppelstadt Waldshut-Tiengen. In der um 1256 erstmals erwähnten Stadt treffen bei angenehmem Klima städtisches Flair und ländliche Idylle zusammen und finden Märkte und traditionelle Feste wie das Waldshuter Chilbi statt. Darüber hinaus lädt die Rheinpromenade auf Spaziergänge ein. Per Fahrgastschiff kann man sich zwischen der Schweiz und Waldshut treiben lassen.

Zusammen mit den herrschaftlichen Häusern der Fußgängerzone, der ausgesuchten feinen Gastronomie sowie dem spezialisierten Einzelhandel bildet die historische Altstadt ein harmonisches und kompaktes Miteinander der kurzen Wege. Es lohnt sich, den Blick schweifen zu lassen, rechts und links abzubiegen und die Erkundung nicht ausschließlich auf die »gute Stube«, die kunterbunte Kaiserstraße, zu beschränken. Ein Muss sind das Obere und Untere Tor, das barocke Rathaus, die Seltenbachbrücke mit den Brückenfiguren und das städtische Museum Alte Metzig.

www.waldshut-tiengen.de

Gengenbach

Romantisches Fachwerkstädtchen

Die ehemalige Freie Reichsstadt Gengenbach begrüßt die Besucher mit ihren Türmen, Toren, malerischen Ecken, Winkeln, unzähligen herausgeputzten Fachwerkbauten, Kopfsteinpflastern und verschiedenen Märkten sowie der Fasnacht. Das rund 200 Jahre alte Rathaus in der historischen Innenstadt steht jedes Jahr im Dezember im Mittelpunkt. Dann öffnet sich täglich gegen 18 Uhr eines der 24 hinterleuchteten Rathausfenster und das weltgrößte Adventskalenderhaus, flankiert vom Adventsmarkt und einem bunten Rahmenprogramm, verbreitet seinen Charme.

Die Erkundung der Stadt macht auf vielerlei Arten Freude, beispielsweise in den Sommermonaten zusammen mit den Nachtwächtern oder ganzjährig bei einer Themenführung. Naturliebhaber erfreuen sich an der Kinzig, dem Kinzigtäler Jakobusweg und den Reizen des Obst- und Weinbaugebiets, denn Gengenbach ist zugleich Portalgemeinde des Naturparks Schwarzwald Mitte/Nord. Verschiedene Museen und ein buntes Veranstaltungsprogramm lassen Langeweile gar nicht erst aufkommen.

www.gengenbach.info

Rottweil

Uralt, turbulent und naturumgeben

Rottweil ist die älteste Stadt Baden-Württembergs und präsentiert sich mit einem mittelalterlichen Stadtkern, erkergeschmückten bunten Bürgerhäusern, dem alten Rathaus, dem Schwarzen Tor, Brunnen und Kirchen. Schon um 74 n. Chr. besetzten die Römer die Rottweiler Gegend, 259 ließen sich die Alemannen nieder. Um 1190 gründete ein Staufer das mittelalterliche Rottweil. Immer lohnenswert ist beim Spaziergang durch die wuselige Stadt ein Blick auf die prächtigen, geschmiedeten Stechschilder über den Eingangstüren der schmucken und mitunter recht schmalen Häuser.

Bekannt ist die ehemalige Reichsstadt am Oberen Neckar weit über die Stadtgrenzen hinaus auch wegen der traditionellen Rottweiler Fasnet. Beim Narrensprung am Fasnetsmontag sorgen rund 4000 Narren für ein farbenfrohes Spektakel. Und auch ein Vierbeiner trägt den Namen der Stadt. Denn bis zum 19. Jahrhundert war Rottweil ein Viehhandelszentrum und seinerzeit brauchte es für die Herden kluge wie ausdauernde Hunde, eben die Rottweiler Hunde.

www.rottweil.de

Herrenberg

Historische Gebäude, Gassen und das Glockenmuseum

Gleich mehrere Höhepunkte warten in der »Gäumetropole« Herrenberg auf Besucher. An der Deutschen Fachwerkstraße gelegen, sticht schon von weitem Herrenbergs Wahrzeichen, die imposante Evangelische Stiftskirche, ins Auge. Hier, auf halber Höhe des Schlossberges, ist auch das Glockenmuseum untergebracht. Nur wenige Schritte unterhalb laden die Fußgängerzone auf einen Bummel oder eine Rast sowie der Marktplatz mit seinen lückenlos erhaltenen Gebäuden, die angrenzenden Gassen, Brunnen und Stiegen auf einen Erkundungsgang durch das Städtchen mittelalterlichen Ursprungs ein. Für Fachwerkinteressierte lohnt ein Spaziergang entlang des ausgeschilderten Fachwerkpfads mit 23 Stationen, der die Palette vom 15. bis zum 19. Jahrhundert in der Altstadt darstellt und unter anderem erklärt, was es mit dem »fränkischen« Fachwerk auf sich hat. Gleich hinter der Altstadt wartet mit dem Naturpark Schönbuch und der Freizeitregion Heckengäu Naturgenuss pur.

www.herrenberg.de

Schwäbisch Hall

Mittelalter trifft Moderne

Schwäbisch Hall, die von den Staufern gegründete Salzsiederstadt, verbindet mittelalterliches Flair mit Kultur, Kunst und Moderne. Der Stadtrundgang mit Start am Marktplatz präsentiert einschließlich mehrerer Überquerungen des Kochers mehr als 30 interessante wie überraschende Höhepunkte. Wer gemütlich durch die von Fachwerk gesäumten Gassen flanieren möchte oder einkehren und einkaufen will, sollte ausreichend Zeit mitbringen.

Zu jeder Jahreszeit finden in Schwäbisch Hall lebendige Feste statt. Hervorzuheben sind der Karneval auf Schwäbisch Haller Art, das Kuchen- und Brunnenfest der Haller Salzsieder zu Pfingsten sowie der Jakobimarkt mit seiner mehr als 800-jährigen Tradition und das Sommernachtsfest. Bekannt sind die sommerlichen Freilichtspiele auf der imposanten 53-stufigen Freitreppe vor der Kirche St. Michael und im Haller Globe Theater. Lohnenswert ist der Besuch der Museen und des Schwäbisch Haller Weihnachtsmarktes auf dem Marktplatz.

www.schwaebischhall.de

groß

Schwäbisch Gmünd

Historische Überraschung im Ostalbkreis

Schwäbisch Gmünd im Ostalbkreis ist nicht nur die älteste Stauferstadt, sondern überrascht auch mit einmaligen Sehenswürdigkeiten aus acht Jahrhunderten und einem vielfältigen Veranstaltungs- und Kulturprogramm – darunter beispielsweise das Guggenmusiktreffen, das internationale Kinderkinofestival und die Landesgartenschau im Jahr 2014. Bei einem Stadtrundgang durch die historische Altstadt ist das Heilig-Kreuz-Münster – die älteste süddeutsche Hallenkirche aus der Zeit der Gotik, erbaut zwischen 1315 und 1521 – ebenso Pflicht wie die noch sechs erhaltenen Stadttürme. Bei einem Spaziergang lassen sich zudem prächtige Patrizierhäuser, der Skulpturenrundgang sowie Straßencafés und Geschäfte rund um den Markt- und Münsterplatz, übrigens die schönsten Plätze Süddeutschlands, erkunden.

Hinter dem Bahnhof führt ein traditionsreicher Kreuzweg mit Bildstöcken, Kapellen und lebensgroßen Figuren hinauf zur Kapelle St. Salvator. Der Ausblick auf die Stadt, die Drei Kaiserberge sowie die Landschaft im oberen Remstal belohnen den Aufstieg.

www.schwaebisch-gmuend.de

Ulm

Historisches und Modernes vereint

Ulm punktet in vielerlei Hinsicht: unter anderem mit seiner belebten Innenstadt, der Universität, Festen, Bräuchen, Museen, Kirchen, Klöstern und der Donau. Der Kirchturm des Ulmer Münsters, das Wahrzeichen der Stadt, misst stolze 161,53 Meter und ist damit der höchste der Welt. Der Blick von der Aussichtsplattform des Münsters zeigt neben der Alpenkette auch das historische Ulmer Fischer- und Gerberviertel. Dort steht auch das Schiefe Haus aus der Mitte des 14. Jahrhunderts. Als »schiefstes Hotel weltweit« schaffte das Gebäude 1997 den Eintrag ins »Guinessbuch der Rekorde«. Mit dem Wasserrad an der Südseite wartet dagegen die Alte Münz auf. Um 1624 war das Gebäude Münzstätte, später Schleif- und Ölmühle. An der Bastion Lauseck am Saumarkt sieht man auf die Dächer des außergewöhnlichen Viertels, auf die Donau und Neu-Ulm. In der seit 1811 bestehenden Grünanlage Friedrichsau können Spaziergänger den alten Baumbestand und kleine Seen entspannt genießen.

www.tourismus.ulm.de

groß

Heidelberg

Aktiv, attraktiv und alles andere als verstaubt

Wer Heidelberg hört, denkt vielleicht an die Schlossruine über der Stadt, das malerische Neckartal, viel Grün, Deutschlands älteste Universität, an romantische wie geschichtsträchtige Gassen und Winkel der Altstadt und an das milde, fast mediterrane Klima. Doch Heidelberg lässt sich nicht auf Studentenstadt, touristischen Magnet oder fotogene Kulisse für zahlreiche Gäste aus aller Welt reduzieren. Die fünftgrößte Stadt Baden-Württembergs steht auch für Wissenschaft, Forschung und Wirtschaft, zeigt sich weltoffen, modern und äußerst lebendig. Sie lädt ebenso auf erholsame Naturbegegnungen und zu lebendigen Geschichtsstunden ein wie zu Festen und Kulturveranstaltungen.

Einst fühlten sich dort Dichter und Denker wie Mark Twain, Friedrich Hölderlin oder Johann Wolfgang von Goethe wohl und Letzterer schrieb über Heidelberg in sein Tagebuch: »Die Stadt mit ihrer Lage und ihrer ganzen Umgebung hat, darf man sagen, etwas Ideales.« Diese Erkenntnis ist zwar über 200 Jahre alt, aber nach wie vor aktuell und beschreibt die gelungene wie bunte Symbiose aus Vergangenheit und Gegenwart.

www.heidelberg.de

groß

Die lebhaftesten Einkaufstempel

vom schmalen Geldbeutel bis zur Shopping-Queen

Flohmarkt Riedlingen

Alt-Hohenecker Büchermarkt

Marktplatz Freudenstadt

Regionalmarkt Hohenlohe

Tübingen

Innenstadt Freiburg

Stuttgart

Outletcity Metzingen

Baden-Baden

Wertheim Village

Flohmarkt Riedlingen

Trödel und Antiquitäten satt

Eigentlich wäre die historische und fast vollständig unter Denkmalschutz stehende Altstadt von Riedlingen an der Donau schon allein wegen der mittelalterlichen Stadtmauer, den schmucken Fachwerkhäusern, romantischen Gassen, Türmen und Toren, Märkten sowie dem historischen Hängegarten einen Besuch wert. So richtig bunt wird es jedoch an einem Samstag im Mai, wenn der beliebte Flohmarkt seine Marktstände öffnet. Einen Tag lang wechseln Trödel, Antiquitäten, Nützliches wie Unnützes die feilschenden Besitzer. Der Riedlinger Flohmarkt gilt als der größte und älteste im süddeutschen Raum und weist auch darauf hin, dass Riedlingen schon immer ein Zentrum des gewerblichen Lebens war.

Es mag am Rahmenprogramm und den vielen Marktständen liegen, dass der Besuch tagesfüllend ist. Denn sowohl an ein Flohmarkttheater als auch an verschiedene Musikdarbietungen von Volksmusik bis Jazz und ein vielseitiges kulinarisches Angebot haben die Veranstalter und Liebhaber von Utensilien aus der alten Zeit gedacht.

www.flohmarkt-riedlingen.de
www.riedlingen.de

Alt-Hohenecker Büchermarkt

Mekka für Bücherfreunde

Einmal im Jahr, meist im September, findet im Ludwigsburger Stadtteil Hoheneck der Alt-Hohenecker Büchermarkt statt. Der idyllische Ortskern mit seinen verwinkelten Gassen und malerischen Plätzen, dem Alten Schulhaus, der Kelter und dem Antiquariat verwandelt sich dann in einen Tummelplatz für Leseratten, Freunde von Gedrucktem, Sammler und Interessierte. Das Angebot ist groß und reicht vom Groschenroman bis zum alten Ganzlederband und umfasst zusätzlich alte Postkarten, Werbemarken, Heiligenbilder, Flugblätter und Grafiken sowie manch kulinarische Leckerei. Wer diesen Termin verpasst, aber trotzdem rund um die Uhr Lesestoff benötigt, kann das Außenantiquariat in Hoheneck aufsuchen. Dort ist Schmökern und Verweilen, bei Bedarf auch Kaufen, Pflicht – bei Dunkelheit übrigens mit Beleuchtung und alles im gegenseitigen Vertrauen. Ergänzend steht zu bestimmten Öffnungszeiten das Ladenantiquariat mit einer Besonderheit im Gewölbekeller zur Verfügung: selten gewordene Schallplatten und CDs.

www.kultur-althoheneck.de

Marktplatz Freudenstadt

Viereckig, praktisch, schön

Nicht nur dass der Freudenstädter Marktplatz der größte umbaute Marktplatz Deutschlands ist. Er ist mit seinen 219 auf 216 Metern fast quadratisch, im Grundriss einem Mühlespiel nachempfunden, mit einer Tiefgarage versehen und strotzt nur so vor Leben, buntem Markttreiben, Einkaufsmöglichkeiten und verführerischen Gaumenfreuden aus dem Schwarzwald. Bereits 1599 wurde er unter dem Baumeister Heinrich Schickhardt erbaut und anlässlich der 400-Jahrfeier 1999 am Unteren Marktplatz mit Wasserfontänen neu gestaltet. Wer die Ohren spitzt, hört dreimal täglich ein dreiminütiges Glockenspiel vom benachbarten Martin-Luther-Platz.

Rund 200 Ladengeschäfte, Cafés und Restaurants verbergen sich in den Arkaden rings um den Marktplatz und machen Lust auf einen Streifzug. Neben dem regelmäßigen Wochenmarkt ziehen auch die Themenmärkte wie Kunsthandwerker-, Töpfer-, Jakobi- oder Michaelismarkt sowie Mai-, Fisch- und Weihnachtsmarkt die Gäste in den gastfreundlichen und weltoffenen Nordschwarzwald.

www.freudenstadt.de

Die lebhaftesten Einkaufstempel

Regionalmarkt Hohenlohe

Weit mehr als fades Einerlei

Das Angebot des ländlichen Marktzentrums in Wolpertshausen ist breit, das Ambiente angenehm. Sogar an eine Gastronomie samt Biergarten mit regionalen Gaumenfreuden, einen Kräutergarten, ein grünes Klassenzimmer und eine Solartankstelle sowie an einen Spielplatz wurde gedacht. Vor Ort erstaunt es, dass es rund 4000 regionale Artikel sind, die hier die Besitzer wechseln können. Für den Grundbedarf fehlt es an nichts. Vom Obst und Gemüse über Backwaren, Käse, Fleisch und Wurst bis hin zu Blumen und Pflanzen, Nudeln und Getränken ist alles dabei. Im Vordergrund stehen Bioprodukte und Fleisch aus artgerechter Haltung.

Hinter dem Regionalmarkt Hohenlohe steckt die Bäuerliche Erzeugergemeinschaft Schwäbisch Hall, die vor allem durch das Schwäbisch-Hällische Landschwein, liebevoll auch Mohrenköpfe genannt, aber auch das bœuf de Hohenlohe in vieler Munde ist. Das etwas andere Einkaufserlebnis für Regionalbewusste ist inzwischen weit über die Stadtgrenzen hinaus bekannt.

www.regionalmarkt-hohenlohe.de

Tübingen

Freiluftwarenhandel in historischer Kulisse

Die schwäbische Universitätsstadt Tübingen zieht die Gäste magisch an. Da sind der liebevoll restaurierte mittelalterliche Stadtkern, das Schloss, der Botanische Garten und die Stocherkähne auf dem Neckar. Aber da ist auch der florierende, ganzjährige, unterhaltsame wie abwechslungsreiche Warenhandel in den Gassen der Altstadt. Hervorzuheben sind im April der Georgimarkt, gefolgt vom Frühlings- und Antiquitätenmarkt und dem Markt der Möglichkeiten im Mai. Weiter geht es mit dem Regionalmarkt, dem Kunstmarkt, dem Umbrisch-Provenzalischen Markt und dem Herbst-Regionalmarkt. Mehrere Flohmärkte, Messen und Wochenmärkte bereichern das Angebot zusätzlich, das durch den Martinimarkt im November und der weit über die Stadtgrenzen bekannten »chocolART« Anfang Dezember sowie den Weihnachtsmarkt Mitte Dezember kaum Wünsche offen lässt. Wer den geographischen Mittelpunkt des Landes Baden-Württemberg sucht, findet ihn übrigens im Tübinger Stadtgebiet im kleinen Wäldchen Elysium.

www.tuebingen.de

Innenstadt Freiburg

Bummel durch die Altstadt

Freiburg im Breisgau punktet nicht nur mit historischen Sehenswürdigkeiten wie dem Martins- oder Schwabentor, interessanten Bauten, Kunst, Kultur und dem Freiburger Münster, sondern auch mit zahlreichen Einkaufsmöglichkeiten und stimmungsvollen Märkten. Die »Kajo«, Kaiser-Joseph-Straße, ist Freiburgs Haupteinkaufsstraße, autofrei und mit einer Vielzahl an Juwelieren, Modegeschäften, Sportartikel- und Fachhändlern sowie Kaufhäusern versehen. Von ihr gehen Gassen und Passagen ab, die allesamt auf einen Bummel rund um Mode, Schmuck, Leder, Schuhe, Antiquitäten und Bücher einladen.

In der Grünwälderstraße lockt in einer ehemaligen Druckerei die Freiburger Markthalle mit einem internationalen Speiseangebot, frischem Fisch, Gemüse und erlesenem Champagner. Farbenfroh, regional und frisch geht es auf dem quirligen Wochenmarkt auf dem Münsterplatz zu. Der stimmungsvolle Weihnachtsmarkt verführt derweil einen Monat lang mit Lichterglanz, süßen Düften und manch Geschenkideen.

www.freiburg.de

Stuttgart

Der abwechslungsreiche Mix macht Eindruck

Im Herzen der Landeshauptstadt fällt Einkaufen leicht. Auf 1200 Metern reihen sich in Stuttgarts längster Einkaufsstraße und Flaniermeile, der Königstraße, Kaufhäuser, Traditionsgeschäfte und Gastronomie aneinander. Wie selbstverständlich führt sie am Schloßplatz, am Neuen und Alten Schloss, am Kunstmuseum und Königsbau vorbei. Letzterer beeindruckt mit einer imposanten Kolonnade aus 34 Säulen, in seinem Inneren beherbergt er das Einkaufszentrum Königsbau-Passagen.

Weiter geht es in die 1914 eingeweihte Markthalle, die zu den schönsten Deutschlands zählt und auf ein anspruchsvolles Angebot sowie besondere Frische setzt. Die Calwer Straße lockt mit Designerboutiquen und exklusiven Fachgeschäften, die Calwer Passage mit ihrer außergewöhnlichen Architektur. Im Bohnenviertel haben Künstler, Antiquitätenhändler, Weinstuben und Cafés eine Heimat gefunden. Das bunte Angebot bereichern über das Jahr die regelmäßigen Floh- und Wochenmärkte im Zentrum sowie der traditionsreiche Weihnachtsmarkt.

www.stuttgart.de
www.maerkte-stuttgart.de

Outletcity Metzingen

Die Stadt für Schnäppchen und Topmarken

Einst war Metzingen ausschließlich mit der Schwäbischen Alb, Fachwerk, Streuobst und Natur verbunden. Modebewussten kam eventuell auch der Herrenschneider Hugo Boss in den Sinn. Und mit ihm und seinem Personaleinkauf begann in den 1970er-Jahren die Erfolgsgeschichte der kultigen Einkaufsstadt. Heute steht Metzingen für die Outletcity schlechthin, die Mode, Lifestyle und Design auf äußerst ansprechende Weise verbindet. Dabei ist das Angebot ebenso international wie die Gästeschar. Pro Jahr finden über 3,5 Millionen Besucher den Weg ins Einkaufsparadies mit den verlockenden und ganzjährigen Preisnachlässen.

Für einen stressfreien Bummel stehen das KidsCamp, Rastmöglichkeiten, 3500 Parkplätze und ein Shopping-Shuttle-Bus zur Verfügung. Die riesengroße Auswahl für Damen, Herren und Kinder, die von der Unterwäsche über große Roben bis hin zu Sport- und Freizeitbekleidung reicht, lässt derweil kaum Wünsche offen. Vor allem Fans von Premiummarken kommen hier voll auf ihre Kosten.

www.outletcity.com

Baden-Baden

Elegant, exklusiv, einzigartig

Baden-Badens Händler geben sich in der verkehrsberuhigten Innenstadt mit ihrem ausgesuchten Warenangebot große Mühe, den mondänen Ort nicht nur als Kur- und Bäderstadt und Stadt der Kunst und Kultur zu präsentieren, sondern auch als attraktive Einkaufsstadt. Kunden treffen daher auf ein internationales wie hochwertiges Angebot, das kaum Wünsche offen lässt. Abseits vom Trubel und inmitten der eleganten, italienisch wirkenden und geschichtsträchtigen Kulisse macht es Freude zu flanieren, zu stöbern, zu genießen und natürlich einzukaufen.

Wer der Stadt an der Oos einen Besuch abstattet, kommt nicht um das Kurhaus, den Kurgarten und die Kolonnaden herum. Zum Pflichtprogramm zählen außerdem die 350 Jahre alte Lichtentaler Allee, die Sammlung Frieder Burda, die Caracalla Therme, das Festspielhaus, die Galopprennbahn Iffezheim und das über 250 Jahre alte, traditionsreichste Casino Deutschlands. Marlene Dietrich bezeichnete es einst sogar als »schönstes Casino der Welt«.

www.baden-baden.de

Wertheim Village

Exklusives Outlet-Shopping

n Wertheim, der nördlichsten Stadt Baden-Württembergs, erfüllt die in die Weinberge eingebettete Einkaufswelt Wertheim Village seit 2003 nahezu jeden Wunsch im Bereich Bekleidung, Schuhe, Lederwaren und Sportartikel. Die führenden, exklusiven nationalen und internationalen Markenhersteller bieten auf einer Verkaufsfläche von 13 500 Quadratmetern und in mehr als 110 Outlet-Boutiquen ihre Produkte zu deutlich reduzierten Preisen an. Für Kunden und Besucher aus nah und fern stehen für das außergewöhnliche Erlebnisshopping 1600 kostenlose Parkplätze sowie verschiedene Gastronomiebereiche, ein Spielplatz und bei Bedarf ein »Personal-Shopper« für Fashion-Tipps und eine Stilberatung zur Verfügung. Mit dem kostenlosen Bus geht es in die Altstadt Wertheim, die unter anderem mit ihrer imposanten Burgruine – eine der größten Deutschlands – und der malerischen Innenstadt samt historischem Marktplatz und Fachwerk lockt.

www.wertheimvillage.com
www.wertheim.de

Die traumhaftesten Gegenden

von Nord nach Süd

Bergstraße

Madonnenländchen Odenwald

Schwäbischer Wald

Besigheim und Umgebung

Ellwanger Seenland

Großes Lautertal

Naturgarten Kaiserstuhl

Adelegg Allgäu

Württembergisches Allgäu

Insel Mainau

Bergstraße von Darmstadt nach Heidelberg

Toskana Deutschlands

Die 68 Kilometer lange Bergstraße führt durch das Ober-rheinische Tiefland von Darmstadt bis nach Heidelberg und betört im Frühjahr besonders durch ihren Blütenzauber. Mitte März, wenn andernorts noch Schnee und Eis die Oberhand haben, blühen im milden, fast südeuropäischen Klima gelbe Forsythien und weiße Mandelbäume, gefolgt von der Aprikosen-, Pfirsich-, Kirsch- und Apfelblüte. Magnolien und der Flieder setzen den bunten Reigen fort.

Zu Fuß geht es auf dem Burgen- und Blütenweg zu mehr als 30 Burgen, Schlössern und Ruinen der Region. Dabei passieren die Wanderer Weinberge, Wälder und blühende Landschaften. Für Radfahrer ist ein durchgängiger 85 Kilometer langer Radweg erschlossen, der sich von Darmstadt bis nach Heidelberg entlang der kulturhistorischen Sehenswürdigkeiten durch malerische Städte und Gemeinden der »Toskana Deutschlands« schlängelt. Die Bergstraße verbindet Kunst, Kultur, Erholung, Aktivität, Geschichte, Gaumenschmaus und Gastfreundschaft zu einem großen Ganzen.

www.diebergstrasse.de

Madonnenländchen Odenwald
Heiligenbildstöcke und Wallfahrt

n der östlichen Odenwaldregion, dem Madonnenländchen, prägen unzählige Heiligenbildstöcke und Marienfiguren entlang der Straßen, in den Ortschaften und an Gebäuden die Landschaft. Berühmtes Wahrzeichen ist die prächtige Mariensäule in Buchen, die 1754 nach einer Pestepidemie errichtet wurde und gleich neben dem Stadtturm thront. Viele Pilger zieht es Jahr für Jahr in den drittgrößten Wallfahrtsort Deutschlands, in die Wallfahrtsbasilika St. Georg nach Walldürn, wo sich vor 700 Jahren das Blutwunder ereignet haben soll. Das Madonnenländchen wartet zudem mit dem Odenwälder Freilandmuseum in Walldürn-Gottersdorf, dem Lichtermuseum in Walldürn-Wettersdorf und mit dem Museum in der Grünkerndarre in Walldürn-Altheim auf. Grünkern ist die regionale Spezialität und findet sich in süßer wie in rustikaler Zubereitung auf den Speisekarten wieder. Einen Besuch wert ist die 1 bis 2 Millionen Jahre alte Eberstadter Tropfsteinhöhle, die 1971 zufällig bei Sprengarbeiten im Muschelkalksteinbruch entdeckt wurde.

www.buchen.de

Schwäbischer Wald

Naherholung im Schwäbischen Wald

Vor mehr als 250 Jahren wurde der heutige Ebnisee, der auch liebevoll als »Perle des Schwäbischen Waldes« bezeichnet wird, aufgestaut, um die Stuttgarter per Floß mit Holz zu versorgen. Doch mit der Eisenbahn endete die Flößerei. Ab 1884 erfolgte die ausschließliche touristische Nutzung des rund 6,7 Hektar großen Sees mit seinen 1,5 Kilometern Uferlänge. Heute stehen den Besuchern Liegewiesen, Rad- und Bootsverleih, Kioske und Toiletten zur Verfügung, zudem führen der Limeswanderweg und andere Wanderrouten in unmittelbarer Nähe vorbei.

Im Schwäbischen Wald rund um den Ebnisee liegt der Bannwald Wieslaufschlucht, der mit einer üppigen Vegetation auf sauren und kalkhaltigen Böden aufwartet. Entlang der Schlucht fährt seit 2010 wieder die Schwäbische Waldbahn und führt über Brücken und Viadukte nach Welzheim. Außergewöhnlich sind in Kaiserbach die Kräuterterrassen mit 240 Kräuterarten.

www.ebnisee-info.de
www.schwaebischerwald.com

Besigheim und Umgebung

Wein, Wasser und Fachwerk

In und um den an der »Deutschen Fachwerkstraße« gelegenen Weinort Besigheim gibt es viel zu entdecken. Das Städtchen zwischen Neckar und Enz lockt mit imposantem Fachwerk, kleinen Gässchen und Plätzen, die zum Verweilen einladen. Sehenswert sind das 1459 errichtete Rathaus im mittelalterlichen Fachwerk und die beiden Staufertürme. Darüber hinaus beeindruckt die Evangelische Stadtkirche mit dem 13 Meter hohen Lindenholzaltar.

Kletterer, Naturfreunde und Wanderer sind derweil vom Naturpark Felsengarten begeistert, der den Weinanbau in Steillagen ermöglicht und mit seinen Wänden, Türmen, Felsblöcken, Trockenmauern und der Schlucht einen grandiosen Anblick auf das Umland, Neckar und Enz bietet. Entlang des Flößerweges von Besigheim nach Bissingen dokumentieren Infotafeln die Flößerei und den Holzhandel zwischen dem 14. und 19. Jahrhundert. Die Auszeichnung der Stadt Besigheim zu »Deutschlands schönstem Weinort« spricht genauso für sich wie das Prädikat »Weinfest des Jahres« für das städtische Winzerfest.

www.besigheim.de

Ellwanger Seenland

Sieben auf einen Streich

Radeln, wandern, angeln, schwimmen, segeln, entdecken, ausspannen, surfen, grillen, spielen, Boot fahren und campen – dies alles und noch viel mehr kann man im Ellwanger Seenland. Über 90 Hektar Wasserfläche, eingebettet in die Ausläufer der Ostalb, begeistern nicht nur Schwimmer und Sonnenanbeter. Gleich sieben unterschiedliche Seen – teilweise angelegt, teilweise natürlich, mit Strand, Badebereich, Sanitäranlagen und Liegewiesen – sorgen für Abwechslung in der Natur. Wanderer genießen die Wege rund um den Orrotsee in Rosenberg oder den Bucher Stausee und informieren sich dabei über Vogel- und Fischarten oder bestaunen den angrenzenden Limespark Rainau. Das Herz der Angler schlägt am Kreßbachsee in Ellwangen und am Häslestausee in Ellenberg etwas höher. Fischbach- und Sonnenbachsee sowie der Haselbachstausee dagegen sind die bevorzugten Ziele der Wasser-, Spiel- und Strandfreunde. Jeder See versprüht seinen eigenen Charme. Welcher der schönste, geeignetste oder romantischste ist, muss jeder selbst herausfinden.

www.ellwangen.de

Großes Lautertal

Im Tal des schönsten Donaunebenflusses

Im malerischen Hof der ehemaligen Klosteranlage in Offenhausen, einem Ortsteil von Gomadingen, entspringt in einem Quelltopf die Große Lauter. Ab hier macht sie sich auf einen rund 40 Kilometer langen Weg entlang an Wäldern, Höhlen, Felsen, Burgruinen, satten Wiesen und Wacholderheiden und vorbei an malerischen Dörfern, bis sie zwischen Ober- und Untermarchtal in die Donau mündet. Wer dem windungsreichen Band im Biosphärengebiet und dem GeoPark Schwäbische Alb zu Fuß, mit dem Rad oder ab Buttenhausen bis Indelhausen mit dem Kanu folgt, trifft auf viele Sehenswürdigkeiten wie das Gestütsmuseum in Gomadingen-Offenhausen oder das Haupt- und Landgestüt Marbach. In Hayingen-Weiler kann man sich über die historische Schneckenzucht informieren. In die Wimsener Höhle geht es nur mit dem Boot. In Zwiefalten steht das Münster Unserer Lieben Frau. Beherrschend sind jedoch die mittelalterlichen Burganlagen. Allein auf einem 15 Kilometer langen Streckenabschnitt warten gleich zehn Ruinen auf Entdecker.

www.muensingen.de

Naturgarten Kaiserstuhl

Vielfältiger Genuss in der sonnenreichsten Region

Der Kaiserstuhl, Deutschlands wärmste und zugleich sonnen-reichste Region, ist ein kleines inselartiges Gebirge der Ober-rheinebene. Der geologische Unterbau besteht aus vulkani-schen Gesteinen, die von einer Lössdecke überzogen sind. Obst- und Weinbau haben hier Tradition und finden sich in den regionalen Lecker-bissen wieder. Dazu haben sich im milden Klima und in den Natur-schutzgebieten rund um Kaiserstuhl und Tuniberg vielerlei submediter-rane Tiere und Pflanzen angesiedelt. Wanderer und Radfahrer genießen die Sonnenterrasse zwischen Schwarzwald und Rhein mit ihren Reb-bergen, Wäldern, Obstanlagen und Auen am Altrhein. Themenpfade und Radtouren laden dazu ein, die Gegend zu erkunden und einen aktiven wie erholsamen Aufenthalt zu erleben.

Freunde der Kunst und Kultur finden in den Winzerdörfern und Kleinstädten Museen und Galerien, historische Bauwerke und vielfältige Veranstaltungen. Unbedingt probieren sollte man die badische Speziali-tät Bibeliskäs – und dazu einen regionalen Wein verkosten.

www.kaiserstuhl.cc

Adelegg Allgäu

Malerische Voralpenlandschaft

Der einzigartige Naturraum Adelegg und der gleichnamige Gebirgszug überraschen Wanderer und Naturliebhaber mit einem Wechsel von Wald, Berg- und Hangweiden, mit Feucht-biotopen und einer großen Artenfülle. Nordwestlich von Weitnau-Wengen ragt Württembergs höchster Berg, der Schwarze Grat, mit seinen 1118 Metern in die Höhe. Zwei Weitwanderwege, der Schwarzwald-Schwäbische-Alb-Allgäu-Weg (320 km) sowie der Heuberg-Allgäu-Weg (185 km), führen in die zerklüftete Landschaft mit ihren Tobeln, Wasserfällen und über den Schwarzen Grat. Die Adelegg trennt und vereint die Länder Baden-Württemberg und Bayern. Deutlich wird dies im Ort Kreuzthal-Eisenbach im Herzen der Adelegg, durch den die Landesgrenze verläuft. Kolkraben, Gämsen, über 60 verschiedene Brutvögel, 500 Arten von Farn- und Blütenpflanzen sowie 200 verschiedene Schmetterlingsarten stellen ein besonderes Naturerlebnis dar. Der Glasmacherweg (20 km) erinnert an die historische Glasherstellung und verbindet lebendig Geschichte und Natur.

www.adelegg.de
www.glasmacherweg.de

Württembergisches Allgäu

Im Käsedreieck zwischen Natur und Kultur

Seit 1810 ist das Allgäu durch Napoleon in den württembergischen und bayrischen Teil getrennt. Die Region im württembergischen Teil um Leutkirch, Wangen und Isny bezeichnet der Volksmund auch als Käsedreieck. An Wangen, am Luftkurort Argenbühl und der Stadt Isny führt die »Allgäuer Käsestraße« mit ihren Sennereien vorbei. Weiter gehören unter anderem die Kurstadt Bad Wurzach sowie die Gemeinden Wolfegg mit dem Bauernhaus-Museum und das barocke Kleinod Kißlegg zum württembergischen Allgäu. Neben der reizvollen Natur, dem Hügelbergland, Wiesen und Kühen lohnt ein Besuch der ehemaligen Reichsstadt Wangen mit der unter Denkmal- und Ensembleschutz stehenden Altstadt und der Vielzahl an Brunnen. Isny lockt mit dem mittelalterlichen Oval samt Stadtmauer, Wehrtürmen, Bürgerhäusern und Kirchen. In Leutkirch kann unter anderem die historische Altstadt, das Gotische Haus – gebaut von 1377 bis 1379 –, das historische Glasmacherdorf Schmidsfelden sowie das Renaissance-Schloss Zeil bestaunt werden.

www.isny.de
www.leutkirch.de
www.wangen.de

Insel Mainau

Blühendes Spektakel

Langweilig kann es auf der Insel Mainau nicht werden. Kaum kündigt der Winter seinen Rückzug am Bodensee an, verwöhnen im Freien die Frühlingsblüher, vor allem Abertausende von bunten Tulpen, die Besucher. Und so geht es in voller Blüte bis zum ersten Frost weiter: saisonale Gärten, Staudengarten, der duftend verzaubernde Rosengarten sowie der Bauerngarten, wo auch Ziegen und weitere vom Aussterben bedrohte Haustierrassen leben. Das blühende Finale bestreitet die farbintensive Dahlienschau. Überdacht und wohltemperiert locken das exotische und architektonisch interessante Palmenhaus sowie von Mitte März bis Anfang Mai die Orchideenschau, die mit ihren rund 3000 Exemplaren als eine der bedeutendsten in Europa gilt. Schmetterlingsfreunde zieht es ins zweitgrößte Schmetterlingshaus Deutschlands. Dort erleben sie bei tropischen Temperaturen, wie aus einem Ei ein Falter wird. Über das ganze Jahr ist der Veranstaltungskalender mit zusätzlichen Aktionen gespickt. Umgeben von der Pflanzenvielfalt, verwöhnt darüber hinaus die Mainau-Gastronomie die Gäste kulinarisch.

www.mainau.de

Die imposantesten Naturdenkmale

von **wildromantisch** bis **spektakulär**

Eriskirch

Blautopf Blaubeuren

Hochmoor Kaltenbronn

Naturschutzgebiet Taubergießen

Feldberg

Federsee Bad Buchau

Donauversickerung Möhringen

Triberger Wasserfall

Tiefenhöhle Laichingen

Wutachschlucht

Eriskirch

Lebensraum seltener Tiere und Pflanzen

Der Bodensee ist Heimat für allerlei Pflanzen und Tiere. Im Naturschutzgebiet Eriskircher Ried am Nordufer des Sees leben vor allem seltene Spezies. Das Gebiet östlich von Friedrichshafen umfasst 552 Hektar, beginnt an der Rotach- und endet an der Schussenmündung. Überrascht sind die Besucher im Winterhalbjahr über die Flachwasserzone mit ihren vielen Wasservögeln, die sich von verschiedenen Aussichtspunkten besonders gut mit einem Fernglas beobachten lassen. Im Frühjahr locken bei Wanderungen, Spaziergängen oder Fahrradtouren blühende Streuwiesen und die außergewöhnliche blaue Irisblüte der Sibirischen Schwertlilie.

Am Eriskircher Bahnhof liegt das Naturschutzzentrum Eriskirch mit interaktiven Wechselausstellungen. Daneben vermitteln auch die dortigen Mitarbeiter in Workshops, bei Exkursionen oder einer naturkundlichen Schifffahrt allerlei Wissenswertes über das Naturerlebnis Eriskircher Ried. Übrigens erkundet man das Ried am besten zu Fuß und bleibt dabei auf den ausgeschilderten Wegen.

---

www.naz-eriskirch.de

spektakulär

Blautopf Blaubeuren

Wundersame Geschichten und die Schöne Lau

Je nach Lichteinfall und Niederschlag zeigt sich der Blautopf in Blaubeuren mystisch blau bis grün. Die Wassermengen, die sich in einem verzweigten, riesigen Höhlensystem sammeln, dringen am rund 20 Meter tiefen Blautopf an die Oberfläche. Je nach Witterung beträgt die Wasserschüttung zwischen 250 bis 32 670 Liter/Sekunde. Aus dem Topf entspringt das Flüsschen Blau. Die berühmteste Karsterscheinung, und nach dem Aachtopf die größte Karstquelle Deutschlands, zieht die Gäste mit ihrer Ausstrahlung und ihren Märchen magisch an. Eduard Mörike erzählt die Geschichte der Schönen Lau, einer Wassernixe, die am Blautopf das Lachen wieder erlernt. Heute erinnert eine Steinskulptur an sie. Im Volksglauben galt der Blautopf zudem als bodenlos, da alle Versuche, mit einem Bleilot die Tiefe zu messen, fehlschlugen. Eine Nixe soll die Messung vereitelt haben, indem sie das Gewicht stahl. Im staatlich anerkannten Erholungsort Blaubeuren sind die Hammerschmiede sowie die mittelalterliche Altstadt empfehlenswert.

www.blautopf.de

Hochmoor Kaltenbronn

Naturschutzgebiet auf über 900 Metern

Einzigartig und traumhaft schön ist die Landschaft am Hochmoor bei Kaltenbronn, die sich zu jeder Jahreszeit in einem anderen Kleid zeigt. Trockenen Fußes gelangt man bequem und nahezu ebenerdig über angelegte Bohlenwege ganz nah an die Höhepunkte der Naturschutzgebiete mit ihrer geschützten und artenarmen Pflanzenwelt und an die Seen, die man Hochmoorkolke nennt. Weil die Torfschicht in diesem Gebiet ständig zunimmt und inzwischen auf acht Meter angewachsen ist, verliert die obere Pflanzenschicht den Anschluss zum Grundwasser und ist auf das nährstoffarme Regenwasser angewiesen. Der Wildsee im Gebiet Wildseemoor ist der größte Hochmoorkolk Deutschlands.

Ebenso reizvoll ist das Gebiet um den Hohlohsee samt dem Kaiser-Wilhelm-Turm mit grandioser Sicht bis zum Stuttgarter Fernsehturm, den Vogesen und ins Murgtal. Ein Netz an ausgeschilderten Wanderwegen von knapp 3 bis zu 8,5 Kilometern Länge sowie verschiedene Parkmöglichkeiten machen Lust auf mehr Moorlandschaft.

www.murgtal.org
www.schwarzwald.de

spektakulär

Naturschutzgebiet Taubergießen

Via Boot durch die Urwaldlandschaft

Das Naturschutzgebiet Taubergießen, zwischen Vogesen und Schwarzwald, ist mit einer Fläche von 1682 Hektar eines der größten Naturschutzgebiete Baden-Württembergs und wird als eines der letzten Paradiese in Deutschland bezeichnet. Auf einer Länge von zwölf und einer Breite von bis zu zwei Kilometern haben sich Flora und Fauna zu einer einzigartigen Einheit gefunden und vermitteln Besuchern über das ganze Jahr hinweg ein Natur- und Landschaftserlebnis. Drei Rundwege verschaffen einen tieferen Einblick in den außergewöhnlichen Lebensraum.

Der Kormoranweg (6 km) ist das Herz des Vogelschutzgebietes, in dem man im Winter eine große Zahl von Wasservögeln beobachten kann. Der Schmetterlingsweg (2 km) ist vor allem im Frühjahr und Sommer begehrt. Im Mai und Juni bietet der Orchideenweg (6,5 km) ein unvergessliches Bild an reich blühenden Wiesenflächen. Auf von Bootsführern geleiteten Fischerbooten, den Nachen, ist eine rund zweistündige malerische wie anschauliche Exkursion auf dem Wasser möglich.

www.touristik-kappel-grafenhausen.de
www.taubergiessen.com

Feldberg

Das Höchste im Schwarzwald

Der Feldberg ist mit 1493 Metern der höchste Gipfel im Schwarzwald und liegt im ältesten sowie mit 42 Quadratkilometern
größten Naturschutzgebiet des Landes. Und er hat sommers
wie winters gleichermaßen viel zu bieten. Mit der Feldbergbahn geht
es bequem bis auf 1450 Meter. Spielt das Wetter mit, ist im Sommer von
der Aussichtsplattform des Feldbergturmes eine gute Fernsicht möglich.
Im Feldbergturm befindet sich das Schwarzwälder Schinkenmuseum
und nimmt die Gäste mit auf eine Zeitreise rund um die geräucherte
Spezialität. Wintersportler erfreuen sich an vier Sesselliften, 26 Schlepp-
liften, Rodelbahnen und den hoch gelegenen Loipen. Wer lieber durch
den Schnee wandert, hat auf 60 Kilometern Winterwanderwegen die
Qual der Wahl. Sommerfrischler erobern das Wandernetz samt bewirteten Berghütten, bewundern den Feldsee, Flora und Fauna, besuchen
das Haus der Natur oder den Kletterwald. Die kleinen Besucher fühlen
sich auf dem knapp zwei Kilometer langen Wichtelpfad pudelwohl.

www.hochschwarzwald.de

spektakulär

Federsee Bad Buchau

Moorpudding, Wasservögel und Teichrosenfelder

nmitten der eiszeitlich entstandenen Hügellandschaft Oberschwabens liegt das Federseemoor. Im Naturreservat europäischen Ranges bei Bad Buchau sind viele seltene Tiere, Pflanzen sowie das Federsee-Museum und das NABU-Naturschutzzentrum Federsee beheimatet. Verschiedene Entenarten tummeln sich im Winter, das Schilf wächst meterhoch, Orchideen und Eiszeitpflanzen gedeihen und selbst für Gezwitscher ist gesorgt.

Besucher erkunden das Naturschauspiel bei Führungen oder auf eigene Faust. So kann man beispielsweise auf dem Wackelwald-Pfad (600 Meter) Bäume zum Schwingen bringen oder den Moorpudding ausprobieren. Wer in rund drei Stunden durch 12 000 Jahre Menschheitsgeschichte wandern möchte, wählt den archäologischen Moorlehrpfad (9 km). Ausdauer ist beim Federseerundweg (16 km) nötig, der mit einem grandiosen Ausblick, Aussichtspunkten und Rastmöglichkeiten aufwartet. Ein Muss ist ein Spaziergang auf dem legendären, 1911 erbauten Federseesteg. Das Gebiet ändert übrigens zu jeder Jahreszeit sein Gesicht.

www.nabu-Federsee.de

spektakulär

Donauversickerung Möhringen

Die Donau verdünnisiert sich

Es ist ein weltweit einzigartiges Naturphänomen, das vor allem zwischen Mai und September verblüfft: der Fluss ohne Wasser. Denn rund 150 bis 200 Tage im Jahr verschwindet die sonst vor sich hinsprudelnde Donau beim Luftkurort Möhringen im Karstgestein und hinterlässt ein trockenes Flussbett. Dann wachsen dort bunte Blumen und Gräser, setzen Spaziergänger Steinmännchen und nur Pfützen erinnern daran, dass hier einmal Wasser gewesen sein muss.

Das versickerte Nass macht sich derweil rund 183 Höhenmeter tiefer auf eine 60-stündige Reise durch Ritzen, Spalten und Höhlen und kommt erst nach zwölf Kilometern Luftlinie im Aachtopf wieder zum Vorschein. Im Herbst und Winter kann es nasse Füße geben und die Überquerung auf die andere Uferseite ist selbst in Gummistiefeln nicht mehr möglich. Mitunter sorgt Hochwasser dafür, dass aus der trockenen Sommerdonau ein reißender Strom werden kann. Vor Ort informieren Tafeln über die geologischen Besonderheiten.

www.donauversickerung.info

Triberger Wasserfall

Naturschauspiel in sieben Fallstufen

Es sind Deutschlands höchste Wasserfälle, die sich in der Schwarz-waldstadt Triberg auf mehr als 160 Metern und in sieben Fall-stufen spektakulär in die Tiefe stürzen. Schon von weitem hört man die Gutach rauschen, die für das beeindruckende Schauspiel sorgt. In Schmelzwasserzeiten oder nach starkem Regen sind die Wasser-mengen enorm.

Verschiedene ausgeschilderte Wander- und Spazierstrecken zwischen 45 und 90 Minuten Länge schließen den Wasserfall und seine unmittelbare Umgebung mit ein. Dazu runden der Naturerlebnispark, der Natur-Hochseilgarten, die Schwarzwaldbahn sowie das Schwarz-waldmuseum das Angebot im Ort ab. Tribergs Wasserfälle sind das ganze Jahr zugänglich.

Um die Weihnachtszeit wartet neben einer winterlichen Landschaft jedoch noch eine besondere Überraschung auf die Besucher aus aller Welt: der märchenhafte Triberger Weihnachtszauber mit einer Million Lichtern, Feuershow, Live-Musik und weihnachtlichen Leckereien.

www.triberg.de

spektakulär

Tiefenhöhle Laichingen

Abstieg ins Abenteuer

Ein Ausflug in die faszinierende Höhlenwelt ist in der Laichinger Tiefenhöhle auf der Schwäbischen Alb möglich. Johann Georg Mack, »Sandmack« genannt, entdeckte die Höhle 1892 zufällig beim Schürfen von Dolomitsand. Sie ist die einzige begehbare Schachthöhle in Deutschland, 86 Meter tief und 1348 Meter lang und dazu die erste CO_2-neutral beleuchtete Höhle. Besucher gelangen sicher über Eisentreppen in die Unterwelt und bleiben auf dem 330 Meter langen Weg, der bis in eine Tiefe von 55 Metern führt. Der Höhlenweg ist eindrucksvoll, nicht zuletzt weil es bis zu 200 000 Jahre alte Tropfsteine zu bestaunen gibt und im »Streuselkuchengang« Perlsinter wächst. Außerdem gilt es den »100-Meter-Schacht« sowie den »Nassen Schacht« zu erkunden. Im angegliederten Museum warten weitere Informationen.

Die Höhle ist nur in den Sommermonaten geöffnet, im Winter ist sie das Revier der Fledermäuse. Wer lieber über Tage bleibt, erkundet den 11,5 Kilometer langen karstkundlichen Wanderweg, der just an der Höhle beginnt.

www.tiefenhoehle.de

Die imposantesten Naturdenkmale

Wutachschlucht

Wildromantisch und einzigartig

m Herzen des Naturparks Südschwarzwald, in Deutschlands zweit-
größtem Naturpark, rauscht die Wutach auf rund 20 Kilometern
Länge durch den Schwarzwald. Dabei passiert sie steile Felswände,
bildet kleine Stauseen, plätschert romantisch vor sich hin oder stürzt als
Wasserfall in die Tiefe. Auf Holzwegen, Stiegen und schmalen Pfaden
lässt sich das Naturschauspiel erkunden – entsprechendes Schuhwerk
und Wanderstöcke vorausgesetzt. Zugleich eröffnet sich die reiche Welt
an Tier- und Pflanzenarten. Allein 40 Orchideenarten gedeihen hier,
Moose und Farne säumen den Weg und unzählige Tiere, auch seltene
Arten, haben hier ein Zuhause gefunden. In das Gebiet der ursprüng-
lichen Wildflusslandschaft mit der Kalktuffbildung gehören auch die
Haslach- und Rötenbachschlucht sowie als Seitenarm die 1,5 Kilometer
lange Lotenbachklamm, die für Einsteiger gut geeignet ist. Die Schlucht
ist vor allem bei heißen Temperaturen im Sommer angenehm kühl und
dann für einen Ausflug besonders empfehlenswert.

www.wutachschlucht.de
www.wutachschlucht-erleben.de

Die eindrucksvollsten Museen

von anschauen bis mitmachen

Staatsgalerie Stuttgart

Museum Narrenschopf Bad Dürrheim

Mercedes-Benz Museum Stuttgart

Auto & Technik Museum Sinsheim

Deutsches Uhrenmuseum

Museum für Waage und Gewicht

Oberschwäbisches Museumsdorf

Zeller Keramik Zell am Harmersbach

Pfahlbaumuseum Unteruhldingen

Salzbergwerk Bad Friedrichshall

Staatsgalerie Stuttgart

Kunstmuseum von europäischem Rang

Die Staatsgalerie im Herzen der Landeshauptstadt zählt zu den meistbesuchten Museen Deutschlands und präsentiert vor allem Werke der europäischen Kunst des 14. bis 21. Jahrhunderts sowie der amerikanischen Avantgarde nach 1945. Höhepunkte sind das Oskar-Schlemmer-Archiv und eine der umfangreichsten und eindrucksvollsten Picasso-Sammlungen Deutschlands. Vertreten sind zudem Werke von Rembrandt, Peter Paul Rubens, Monet, Klee und Joseph Beuys, aber auch die Malerei der Deutschen Albrecht Dürer und Lucas Cranach. In der ständigen Sammlung sind rund 800 Kunstwerke zu sehen. Mehrere Ausstellungen pro Jahr ergänzen das Angebot ebenso wie die Graphische Sammlung mit ihren Sonderschauen. Die drei architektonisch unterschiedlichen Bauten vom spätklassizistischen Altbau bis zum poppigen Erweiterungsbau beherbergen die Vielfalt der künstlerischen Techniken Malerei, Skulptur, Zeichnung, Graphik und Fotografie.

www.staatsgalerie.de

Museum Narrenschopf Bad Dürrheim

Fastnachtskultur für Anfänger und Fans

Eine einmalige interaktive Schau der baden-württembergischen und Deutsch-Schweizer Fastnachtskultur zeigt das privat geführte, 1973 eröffnete, mehrmals vergrößerte und modernisierte Museum Narrenschopf in Bad Dürrheim. Im Kurpark gelegen, fällt es durch seine drei imposanten Kuppeln auf. Die einstigen Solebehälter stammen aus einer stillgelegten Rottweiler Saline. In den Räumen herrscht ganzjährig die fünfte Jahreszeit. Es warten 350 Narrenfiguren, die mit ihren farbenfrohen Narrenkleidern und Masken die Fastnachtskultur vom 18. Jahrhundert bis in die Gegenwart präsentieren. Vertreten sind zudem alle Häser der 68 Mitgliedszünfte der Vereinigung Schwäbisch-Alemannischer-Narrenzünfte. Geschichte und Geschichten, Bräuche, Sprüche, Verse, Musik und die aufwändige Herstellung von Häs, Maske und Zubehör sind ebenso präsent wie wertvolle alte Holzmaskensammlungen, ein Fastnachtskino sowie eine Hörstation und, ganz wichtig, die aktuellen Fastnachtstermine im Land.

www.narrenschopf.de

mitmachen

Mercedes-Benz Museum Stuttgart

Zeitreise durch die Automobilgeschichte

Seit 2006 begeistert das Mercedes-Benz Museum in Stuttgart Besucher aus aller Welt. Zunächst besticht die außergewöhnliche Architektur des Museumsgebäudes, die bereits als Architekturklassiker des 21. Jahrhunderts gilt. Das außergewöhnliche Gebäudeinnere ist einer DNA-Spirale mit ihrer Doppelhelix nachempfunden und verdeutlicht damit den Originalitätsgedanken der Marke Mercedes-Benz. Als einziges Museum der Welt kann das Mercedes-Benz Museum die über 125-jährige Geschichte der Automobilindustrie vom ersten Tag an lückenlos darstellen.

Die rund zweistündige Zeitreise durch die »bewegte« Geschichte beginnt 1886 auf der obersten Etage und führt in weiten Kurven sowie auf zwei verschiedenen Rundgängen zum Ausgangspunkt zurück. Auf neun Ebenen mit 16 500 Quadratmetern Fläche präsentieren sich 160 Fahrzeuge sowie 1500 Exponate und stellen die spannende Geschichte der Marke Mercedes-Benz dar. Natürlich darf dabei der Blick in die zukünftige Forschung und Entwicklung nicht fehlen.

www.mercedes-benz-classic.com

Die eindrucksvollsten Museen

Auto & Technik Museum Sinsheim

Abenteuer Technik auf 30 000 Quadratmetern

Z wischen Mannheim und Heilbronn liegt das Auto & Technik Museum Sinsheim. 1981 vom eigens gegründeten Museumsverein eröffnet, wuchs die Ausstellung seitdem ständig und bietet nun auf 30 000 Quadratmetern Fläche neben Oldtimern aus allen Epochen der Automobilgeschichte auch die größte Privatsammlung historischer Maybach-, Kompressor-Mercedes- und Bugatti-Automobile in Deutschland. Hinzu kommen mehrere hundert Motorräder, Renn- und Sportwagen, Lokomotiven, Militär- und Nutzfahrzeuge, Großmotoren und rund 60 Flugzeuge. Als einziges Museum weltweit zeigt das Auto & Technik Museum das russische Überschall-Passagierflugzeug vom Typ Tupolev 144 und die britisch-französische Concorde, die spektakulär und in Startposition auf dem Museumsdach einen Platz gefunden haben und teilweise auch von innen besichtigt werden können. Seit 1996 ergänzt das IMAX 3D-Filmtheater das Angebot. Faszinierend ist die dreidimensionale Projektionstechnik samt Tonsystem und riesiger Leinwand, die einem fünfstöckigen Haus entspricht.

www.technik-museum.de

Die eindrucksvollsten Museen

Deutsches Uhrenmuseum Furtwangen

Dem Kuckuck auf der Spur

Uhren, Uhren und nochmals Uhren, und dazwischen versteckt sich auch der Kuckuck. Wenn man es genau nimmt, zählt das Deutsche Uhrenmuseum in Furtwangen im Schwarzwald mehr als 8000 Objekte aus aller Welt in seinem Bestand und beherbergt damit wohl die vielfältigste Uhrensammlung Deutschlands. Rund eintausend Uhren sind für die Besucher bei einem Rundgang durchs Museum an der »Deutschen Uhrenstraße« ausgestellt. Die Zeitmessung zeigt sich in vielen Facetten von der Steinzeit bis zum Atomzeitalter und umfasst die Beobachtung des Sonnenlaufs bis zur koordinierten Weltzeit.

Robert Gerwig begann 1852 als Direktor der Großherzoglichen Badischen Uhrmacherschule mit der Sammlung. Bereits 1925 verzeichnete der erste Bestandskatalog mehr als 1000 Objekte. Das Zeitmesserobjekt des Monats, die umfangreiche Bibliothek, ein Ferienprogramm für Kinder, Führungen sowie der Kuckucksuhr-Workshop für Erwachsene runden das Programm ab. Da wundert es kaum, wenn im Deutschen Uhrenmuseum die Zeit davonläuft.

www.deutsches-uhrenmuseum.de

Museum für Waage und Gewicht Balingen

Ein Pfund war nicht immer ein Pfund

Balingen ist nicht nur Deutschlands berühmteste Waagenstadt, sondern das Zollernschloss beheimatet auch das Museum für Waage und Gewicht. Rund 500 Exponate auf zwei Etagen beschreiben die Geschichte des Messinstruments – angefangen bei der gleicharmigen Balkenwaage bis hin zur modernen Analysenwaage. Dabei ist es unglaublich, wie viele Arten von Waagen es gibt: Schnell-, Münz-, Gold-, Tafel-, Dezimal- und Neigungswaagen und vieles mehr. Bei den Ladenwaagen kommen alte Erinnerungen an den Tante-Emma-Laden auf. Ab und an darf man unter Aufsicht auch selbst Hand anlegen, sein eigenes Gewicht wie anno dazumal feststellen sowie einen Blick in die Werkstatt eines Waagebauers um 1860 werfen. Mit den Waagen sind die Gewichte aus verschiedenen Materialien wie Stein, Eisen, Messing, Glas und Porzellan verbunden und schnell zeigt sich, dass ein Pfund nicht immer 500 Gramm entsprach. Das kostbarste Stück ist eine über 2000 Jahre alte römische Schnellwaage.

www.balingen.de

Die eindrucksvollsten Museen

Oberschwäbisches Museumsdorf Kürnbach

Dorfleben anno dazumal

Ob die alte Zeit gut oder nicht so gut war, davon kann man sich im Oberschwäbischen Museumsdorf Kürnbach bei Bad Schussenried per Führung oder auf eigene Faust ein äußerst lebendiges Bild machen. Zwischen den vielen Häusern, angefangen bei den Strohdachhäusern aus der Barockzeit bis hin zur Munitionshalle aus den 1960er-Jahren, tummeln sich, wie seinerzeit auch, verschiedene Nutztiere wie Hahn Heinrich und sein Hühnergefolge, Zwergziegen, Merinofleischschafe und Braunvieh-Kühe. Jedes Haus erzählt seine eigene Geschichte, nimmt die Besucher dabei mit in eine andere Welt, lässt sie staunen und auch schaudern.

Die abwechslungsreiche Zeit- und Entdeckungsreise über sechs Jahrhunderte bereichern Vorführungen der Schauhandwerker und Ausstellungen sowie ein pralles Veranstaltungsprogramm, das auch die Zubereitung von kulinarischen Leckerbissen vorsieht. Direkt neben dem Museumsgelände schnaubt die Mini-Dampfbahn des Schwäbischen Eisenbahnvereins, die ihren Passagieren jede Menge Spaß garantiert.

www.museumsdorf-kuernbach.de

Zeller Keramik Zell am Harmersbach

Keramikmalerei von Hand

Über 200 Jahre Tradition stecken im Keramikgeschirr der Zeller Keramik im Schwarzwaldstädtchen Zell am Harmersbach. Das Museum lässt auf 160 Quadratmetern Fläche Einblicke in den Zeller Tischschmuck und das Essgeschirr der vergangenen Zeit zu. Wie noch heute eine Tasse, eine Kanne oder ein Teller entsteht, zeigt sich bei einer Führung in der laufenden Produktion. Plötzlich sieht man ein Geschirrstück mit anderen Augen und ist verwundert, wie viele Handgriffe und Mitarbeiter für die Herstellung notwendig sind. Beeindruckend ist die Arbeit der Keramikmalerin, die vor aller Augen mit sicherer Hand und dem richtigen Blick auch das berühmte »Hahn und Henne«-Motiv aufs Geschirr zaubert. Wer möchte, kann auf einem Scherben, einem halbfertigen Geschirrstück nach Wahl, selbst Hand anlegen und nach Lust und Laune Muster auftragen. Wie alles andere Geschirr auch durchläuft die Steinguteigenkreation anschließend das Glasurbad und den letzten Brand, bevor es auf dem Postweg nach Hause kommt.

www.zeller-keramik.de

Pfahlbaumuseum Unteruhldingen

Versunkenes Weltkulturerbe sichtbar gemacht

Die Pfahlbausiedlungen aus der Stein- und Bronzezeit, 2011 von der UNESCO zum Weltkulturerbe ernannt, werden in Unteruhldingen am Bodensee wieder lebendig. Die spannende Zeitreise beginnt für Besucher mit einem geführten Rundgang, der eine Stunde Zeit in Anspruch nimmt. Der Start ist im Archaeorama. Fragen wie: »Wie sieht es unter Wasser aus?«, »Wie arbeiten die Taucharchäologen?« und »Warum bauten die Menschen Dörfer auf Pfählen?« finden hier Antworten.

Die ersten beiden Pfahlbauten wurden bereits 1922 rekonstruiert. Aktuell sind es 23 nach dem neuesten Forschungsstand eingerichtete Häuser im ältesten Naturschutzgebiet am Bodensee. Die Hauptsaison der Pfahlbauten geht von Ende März bis Ende Oktober. Angemeldete Besichtigungen sind zu Sonderterminen möglich. Über das Jahr ergänzen ein abwechslungsreiches Veranstaltungsprogramm sowie Begleitausstellungen das aufschlussreiche Museum. Wer den Trubel meiden möchte, nutzt den Morgen oder Abend für einen Besuch.

www.pfahlbauten.de

Die eindrucksvollsten Museen

Salzbergwerk Bad Friedrichshall

Faszinierende Welt unter Tage

Im Salzbergwerk Bad Friedrichshall zeigt sich in rund 200 Metern Tiefe die faszinierende Welt des »weißen Goldes«. Dem Bergmann ganz nahe, erfahren die Besucher hier alles Wissenswerte über das Salz: von der Entstehung über den Abbau bis hin zur Geschichte des bombensicheren Stollens, der Kunstgegenständen Schutz bot und im Dritten Reich für die Rüstungsindustrie zweckentfremdet wurde. Eine unterirdische Gedenkstätte erinnert mit einer Dauerausstellung außerdem an das KZ Kochendorf.

Im Förderkorb geht es innerhalb von nur 30 Sekunden in die Welt unter Tage, wo bereits Medien- und Lichtinstallationen sowie begehbare Würfel gespickt mit Know-how und Erfahrungen aus über 100 Jahren Salzbergwerksgeschichte warten. Rund 1500 Meter lang ist der effektvolle Rundweg, der durch die Geologie-, Technik- und Hightech-kammer sowie den Kristall- und Kuppelsaal führt. Festes Schuhwerk ist empfohlen, die Temperatur unter Tage beträgt 18 Grad.

www.salzwelt.de

Die turbulentesten Feste

von **Frühjahr** bis **Herbst**

Maimarkt Mannheim

Blutritt Weingarten

Maximilian Ritterspiele Horb

Weinfest Emmendingen

Schützenmarkt Buchen

Cannstatter Volksfest

Muswiese

Filderkrautfest

Bräunlinger Kilbig

Bach-na-Fahrt

Maimarkt Mannheim

Institution seit mehr als 400 Jahren

Der jährlich stattfindende Maimarkt Mannheim ist Deutschlands größte Regionalmesse. An elf Messetagen präsentieren 1400 Aussteller in 47 Hallen auf einem großen Freigelände ihre Ideen, Produkte und Dienstleistungen. Das Zahlenwerk beeindruckt: Das Maimarktgelände umfasst 225 000 Quadratmeter, für die Aussteller sind 15 Kilometer Wasserleitungen und rund 40 Kilometer Stromleitungen mit 1250 Steckdosen verlegt. Dass dabei Unterhaltung sowie Festcharakter nicht zu kurz kommen, dafür sorgen nicht nur die Aussteller mit Mitmachaktionen, Gewinnspielen, Spiel und Spaß, sondern auch das unterhaltsame wie informative Begleitprogramm. Dazu gehören neben Vorträgen und Workshops auch informative Sonderschauen, Blicke hinter die Kulissen, Festzelte, unterhaltsame Live-Programme, der Streichelzoo und das Reitturnier. Der Maimarkt ist Mannheims älteste Institution. Pfalzgraf Johann II. von Zweibrücken verlieh 1613 die Marktprivilegien an die Stadt. Im Jahr 2013 jährte sich das Ereignis bereits zum 400. Mal.

www.maimarkt.de

Blutritt Weingarten

Europas größte Reiterprozession

Ein einmaliges Erlebnis für Ross, Reiter sowie Pilger aus nah und fern und dazu Bekenntnis des Glaubens ist der Blutfreitag im oberschwäbischen Weingarten. Zu Ehren des heiligen Blutes Christi machen sich einen Tag nach Christi Himmelfahrt rund 3000 Reiter in Frack und Zylinder auf, um in einer rund fünfstündigen prunkvollen Prozession durch Stadt und Flure mit der kostbaren Heilig-Blut-Reliquie Segen für Haus, Hof und Felder zu erbitten. Über 80 Musikkapellen begleiten die Blutreitergruppen, sie passieren auf ihrem Weg vier Außenaltäre. Der Blutreiter, meist der Pfarrer der Basilika Weingarten, trägt dabei den goldenen und gesicherten Reliquienschrein mit dem heiligen Blut durch die Stadt Weingarten und das Umland. Die Feierlichkeiten starten für viele Pilger jedoch schon am Vorabend mit einem Festgottesdienst und einer anschließenden Lichterprozession auf den Kreuzberg. Europas größte Reiterprozession beginnt am Blutfreitag um 6 Uhr mit der Reitermesse, gefolgt vom Blutritt gegen 7 Uhr.

www.weingarten-online.de
www.blutfreitag.de

Maximilian Ritterspiele Horb

König Maximilian und seine furchtlosen Recken

J ährlich, traditionell am dritten Juni-Wochenende, herrscht im Neckarstädtchen Horb der Ausnahmezustand. Kräftig an der Zeitschraube gedreht, befindet sich die Stadt mit der imposanten historischen Kulisse zurück ins Jahr 1498 versetzt und begeht mit den Maximilian Ritterspielen eine der größten Mittelalterveranstaltungen Europas. Drei Tage lang prägen Spielleute, Gaukler, Artisten, Feuerspucker, Ritter und Edelfräulein sowie Turniere mit schnaubenden Rössern und Festumzüge das Bild. Auf dem begleitenden Mittelaltermarkt bieten rund 200 Markt- und Handwerksleute wie Elixierhändler, Holzschnitzer oder Seifensieder ihre Waren feil und verköstigen das herbeigelaufene Volk zudem mit »Schlemmereyen«, Ritterbier und Met. Anlass des Ritterspektakels war ein historisches Ereignis im Jahr 1498. König Maximilian, später Kaiser des Heiligen Römischen Reiches, besiegelte den Thronfolgevertrag für Württemberg, entmachtete den inkompetenten Herzog Eberhard und stieß damit die Demokratisierung im Land an.

www.ritterspiele.com

Weinfest Emmendingen

Weinvielfalt im mediterranen Ambiente

Malerisch eingebettet liegt die Große Kreisstadt Emmendingen im Breisgau zwischen der Vorbergzone des Schwarzwaldes und dem Kaiserstuhl in der Rheinebene. Immer am dritten Augustwochenende laden Winzergenossenschaften und Weingüter aus der Region zum Breisgauer Weinfest in die Altstadt nach Emmendingen ein. Rund 180 Weine aus der Region gilt es im herausgeputzten Herzen der Altstadt zwischen Marktplatz und Landvogtei zu verkosten und dabei manch badische Spezialität zu probieren. Livemusik sowie ein Rahmenprogramm, zu dem auch die Krönung der Breisgauer Weinprinzessin zählt, sorgen für eine fröhliche Stimmung.

In Emmendingen, das 1094 erstmals erwähnt wurde, lohnen zudem ein Besuch der zweitgrößten Burganlage in Baden, der mittelalterlichen Ruine Hochburg mit Museum. Auch die ungewöhnliche Wanderung mit der Lichtsagerin sowie den 43 Stationen umfassenden Stadtrundgang sollte man nicht verpassen. Wer Emmendingen von oben betrachten möchte, steigt auf den von Emmendingen nördlich gelegenen Eichbergturm.

www.emmendingen.de

Schützenmarkt Buchen

Böllerschüsse im Odenwald

Eines der größten Volksfeste in der Region Odenwald ist der Buchener Schützenmarkt. Der älteste Buchener Verein, das 1822 als Bürgergarde gegründete Schützen-Corps, widmete sich schon damals der Geselligkeit und veranstaltete das Septemberschießen. Der Großherzog von Baden genehmigte dann 1830 den Schützenmarkt. Das achttägige Treiben der Schützengesellschaft Buchen, immer in der ersten Septemberwoche, jährt sich 2014 zum 185. Mal. Die Odenwaldstadt mit ihrer ansprechenden Fußgängerzone samt Fachwerk und historischen Bauten ist Kulisse für den Eröffnungsumzug samt Böllerschüssen sowie dem Fackelzug der Reservisten. Trotz Fahr- und Verkaufsgeschäften, Los- und Imbissbuden retten die Veranstalter die alten Gepflogenheiten des Schützenmarktes in die heutige Zeit. Unter anderem ermitteln die Schützen in der Marktwoche traditionell ihren Schützenkönig. Das Feuerwerk am Sonntagabend beendet das bunte Treiben um Frühschoppen, Böllerschüsse und Eintopf aus der Feldküche.

www.buchen.de
www.sg-buchen.de

Cannstatter Volksfest

Gockel, Maß und Karussell

Einmal im Jahr, bis auf einige Ausnahmen in Kriegszeiten, dreht sich seit 1818 beim Cannstatter Volksfest alles ums Feiern. Einst als landwirtschaftliches Fest und Volksfest für gebeutelte Bauern geplant, entwickelte sich die Idee von König Wilhelm I. und seiner Frau Katharina jedoch zum Dauerbrenner am Neckar. Inzwischen besuchen jährlich bis zu vier Millionen Besucher das größte Schaustellerfest der Welt. Auf fünf Festkilometern und bei 320 Betrieben heißt es: Vergnügen, Gastronomie und Fahrgeschäfte satt. Los geht der 17-tägige Spaß in den großen Festzelten und auf dem Festgelände, bei dem unzählige Maß Bier und Gockel über die Theken gehen, mit dem traditionellen Fassanstich. Als weiterer Höhepunkt gilt der prächtige Volksfestumzug am ersten Festsonntag mit seinen rund 3500 Mitwirkenden. An die Ursprünge des Volksfests erinnert das Wahrzeichen, die üppig geschmückte und 26 Meter hohe Fruchtsäule, die zugleich beliebter Treffpunkt ist. Zunehmend setzen die Besucher beim Wasenbesuch auf Dirndl und Lederhose.

www.cannstatter-volksfest.de

Muswiese

Ältester Jahrmarkt Hohenlohes

Das Jahr der Gemeinde Rot am See geht von und bis zur Muswiese. Im Oktober steht für knapp eine Woche der 70-Seelen-Ort Musdorf Kopf. Die Bauern bekommen über die Muswiesentage ein Schankrecht, denn es gilt die Tradition des ältesten Jahrmarkts Hohenlohes, erstmals 1434 urkundlich erwähnt, nach allen Regeln der Kunst im Ort zu feiern. Was in der »fünften Jahreszeit« in Musdorf geschieht, kann sich demnach sehen und schmecken lassen. »Sou, seid'r a a weng doa?«, lautet der Muswiesengruß. Los geht das bunte Treiben mit der landwirtschaftlichen und gewerblichen Ausstellung sowie dem Vergnügungspark. Dienstags steht die Jungviehprämierung an und mittwochs am »Leddichedooch« der historische Metzgertanz. Wer noch ein Schnäppchen braucht, muss sich sputen. Donnerstag ist günstiger Einkaufstag, zugleich endet das Fest an diesem Abend mit einem Feuerwerk. So traditionell wie der Muswiesenjahrmarkt ist auch der Ruhetag immer am Montag.

---

www.muswiese.com
www.rotamsee.de

Filderkrautfest Leinfelden-Echterdingen

Krautvergnügen am laufenden Band

Auf Deutschlands größter Krauthocketse, dem Filderkrautfest in Leinfelden und Echterdingen, steht an zwei Tagen im Oktober das auf den fruchtbaren Filderböden wachsende Gemüse im Vordergrund. Zum Fest mundet es in all seinen Zubereitungsvarianten und beschert den hungrigen Gästen unter anderem Krautgulasch, Krautwickel, Krautkuchen, Sauerkraut oder Krautsalat und mitunter auch eine rege Verdauung. Start der Veranstaltung ist das traditionelle Krautabschmecken, das Kraut-Königspaar ist unterwegs, und ganz im Zeichen der Krautköpfe stehen nicht nur die Dekoration, sondern auch die Wettkämpfe. Kraftstrotzende Krautfans messen sich beim Krautwetthobeln, Spitzkrautstemmen und dem Krautfünfkampf.

Oldtimer und historische Fahrräder präsentieren sich am Festwochenende in einem Korso bei den Spitzkraut Classics. Ein Festumzug, unzählige Lauben, Scheunen, Stände und Musik sorgen für gute Stimmung bei den vielen Tausend Besuchern. Übrigens darf sich nur Spitzkohl von den Fildern auch Filderkraut nennen.

www.leinfelden-echterdingen.de

77

Bräunlinger Kilbig

Voller Einsatz für die Gäste

Das Zähringerstädtchen Bräunlingen, unweit von Donaueschingen gelegen, scheut Gäste nicht. Die »Festmetropole der Baar« feiert und lacht stattdessen mit ihnen. Jährlich am dritten Oktoberwochenende lädt der Ort an der Breg zum traditionsreichsten und größten Herbst- und Volksfest der Baar und der Region ein. Mit der Bräunlinger Kilbig erinnert die Stadt an die Marktrechtsverleihung durch Rudolf IV. von Österreich im Jahre 1358. Brauchtum und Folklore, der Jahr- und Vergnügungspark und das schon legendäre Bierfassrollen vor der Stadtkirche gehören ebenso zum Programm wie die Kilbigtänze, einheimisches Brauchtum und Folklore, der Krämermarkt und die vielen Lauben und Stände. Dort gibt es unter anderem als Spezialität Speckdünne und Schlachtplatte. Die Landmaschinen- und Automobilausstellung rundet das Angebot des dreitägigen Trubels ab.

www.braeunlingen.de

Bach-na-Fahrt

Patschnass oder furztrocken

Eine außergewöhnliche Gaudi findet Jahr für Jahr am Fastnachtsmontag ab 13 Uhr auf der Schiltach in Schramberg statt. Hartgesottene Männer und Frauen stürzen sich mit einem zuvor individuell dekorierten Zuber in die eiskalten Fluten. Dabei meistern sie mehr oder weniger routiniert manch gemeine Schikane und zeigen vor bis zu 30 000 Zuschauern, ob sie erfahrene Zuberkapitäne sind oder ein vorzeitiges, ungewolltes wie kaltes Bad in der winterlichen Schiltach droht. Das Risiko zu kentern und dabei patschnass zu werden, ist von den Veranstaltern gewollt groß gehalten. Die Zuschauer sind derweil aufgefordert, die traditionsreiche Bach-na-Fahrt der 40 Zuber mit Rufen wie »Kanal – voll«, »patsch – nass« und »furz – trocken« lautstark zu begleiten.

Die Idee zur Zuberfahrt entstand bereits 1936 bei einem ausgedehnten Frühschoppen. Seit 1951 organisieren die Gilde der Da-Bach-na-Fahrer sowie die Narrenzunft Schramberg das verrückte Ereignis am Fastnachtsmontag, zu dem auch ein Umzug am Vormittag gehört.

www.bach-na-fahrt.de

Die spritzigsten Wasserfreuden

Kanufahren auf Enz und Necker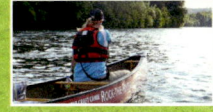

Schluchsee

Breitenauer See

Blitzenreuter Seenplatte

Rheinstrandbad Rappenwört Karlsruhe

Badeparadies Schwarzwald

Fildorado Filderstadt

Miramar Weinheim

Palais Thermal Bad Wildbad

Bodensee-Therme Überlingen

Kanufahren auf Enz und Neckar

Sightseeing auf dem Wasserweg

Die Landschaft aus einer neuen Perspektive erleben, Gruppendynamik und Muskelkraft spüren und gemütlich über das Wasser gleiten – all dies kann man bei einer mehrstündigen Paddeltour auf Enz und Neckar. In einem gemieteten Canadier, der Platz für zwei bis vier Personen bietet, und ausgestattet mit Schwimmwesten, Packsack und Streckenkarte, startet die individuelle Tour beim zuvor vereinbarten Einstieg und nach einer ausführlichen Einweisung. Pausen an Land bereichern den Ausflug. Beliebt sind auf dem Neckar die Rundtour ab und bis Marbach (zwei bis vier Stunden), zudem der Abschnitt Mundelsheim bis Walheim. Auf der Enz paddelt man von Vaihingen an der Enz in rund fünf Stunden sogar bis nach Bietigheim. Hier gilt eine Pegelregelung.

Alle Besatzungsmitglieder sollten Schwimmer sein und den Lebensraum der Tiere und Pflanzen im Wasser und Uferbereich respektieren. Vorkenntnisse sind nicht nötig. Am Ausstieg holt der Veranstalter das Boot wieder ab. Die Hauptsaison ist von Mai bis September, die Touren sind auch geführt möglich.

www.rock-the-river.com

Schluchsee

Der größte See im Schwarzwald

Vor rund 80 Jahren wurde der ehemalige Gletschersee aufgestaut und ist nicht nur der größte See im Schwarzwald, sondern auf 930 Metern auch zugleich die höchstgelegene Talsperre Deutschlands. Wassersportler schätzen den sauberen See zum Tauchen, Surfen, Segeln, Paddeln, Rudern oder Schwimmen. Wanderer, Spaziergänger und Radfahrer genießen die reizvolle Umgebung des Hochschwarzwaldes in Verbindung mit dem See.

Wer den Schluchsee einmal umrunden möchte, braucht ein wenig Ausdauer und gutes Schuhwerk, denn der Seerundweg misst stolze 18 Kilometer, hält aber Möglichkeiten zur Rast und Stärkung bereit. Dabei kommt man auch am idyllischen Aussichtspunkt Amalienruhe vorbei, der auf einem charakteristischen Felsvorsprung liegt und schon von weitem, auch vom heilklimatischen Ort Schluchsee, sichtbar ist. Wer ein wenig abkürzen oder den See aus einer anderen Perspektive kennen lernen möchte, nutzt in den Sommermonaten das Seerundfahrtsschiff St. Nikolaus, das an der Staumauer anlegt.

www.schluchsee.de

Breitenauer See

Schwäbisches Strandflair und Zugvogelstation

Das mit 40 Hektar Wasserfläche größte Hochwasserstaubecken des Sulmtals, der Breitenauer See, liegt im Landschaftsschutzgebiet Oberes Sulmtal, im Naturpark Schwäbisch-Fränkischer Wald sowie an der »Schwäbischen Wein- und Dichterstraße«. Im Sommer lädt das Gewässer gegen ein Eintrittsgeld auf allerlei Wasserfreuden samt Liegewiesen, Frischwasserduschen, Angelsport, Bootsverleih, Spiel- und Sportplätze ein. Die Deutsche Lebens-Rettungs-Gesellschaft überwacht den Breitenauer See an Badetagen. Mit Blick auf die umliegenden Weinberge präsentiert sich der vier Kilometer lange Seerundweg als Augenschmaus und führt auch am vielfach prämierten Campingpark am Westufer vorbei.

Manche Bereiche des Sees sind der Tier- und Pflanzenwelt vorbehalten, die hier Schutz und Lebensraum finden. Zahlreiche Zugvögel legen am Fuß der Löwensteiner Berge im Frühjahr und Herbst einen Zwischenstopp ein. Ein Gewässerlehrpfad über die heimischen Fischarten sowie das gastronomische Angebot bereichern das Erholungsgebiet.

www.breitenauer-see.de

Blitzenreuter Seenplatte

Wasser verschiedentlich betrachtet

Die Blitzenreuter Seenplatte liegt mit den vier Seen Schrecken- und Buchsee, Häcklerweiher und Vorsee zwischen Fronreute und Wolpertswende im Schussental. Viele gefährdete, zum Teil deutschland- und europaweit geschützte Tier- und Pflanzenarten lassen sich hier in den Zwischen- und Hochmooren beobachten. Die Gewässer der Seenplatte und deren Uferbereiche bieten Rast- und Brutplätze, stellen für Orchideen und Hochmoorpflanzen ideale Bedingungen dar und dürfen im Fall des Weihers auch zum Baden genutzt werden. Die Besucher erkunden die Seenplatte idealerweise auf interaktiven Naturerlebnispfaden zwischen 3,5 und 8 Kilometern Länge, die alle Sinne ansprechen und mit manch Überraschung aufwarten. So steht auf den Besucherplattformen das Innehalten und Beobachten im Vordergrund, während es in der Matschkuhle barfüßig durch den Torf geht, Sehrohre und Holzlupen bei der Erkundung von Flora und Fauna behilflich sind oder der Panoramastuhl zur Aussicht lädt.

www.zwischenschussenundseen.de

Rheinstrandbad Rappenwört Karlsruhe

Planschen und sporteln inmitten der Natur

Zwischen Rheinufer und urwüchsigem Rheinwald liegt eines der landschaftlich schönsten und zudem größten Bäder Deutschlands, das Rheinstrandbad Karlsruhe-Rappenwört. Gleich 16 Hektar Fläche und rund 3500 Quadratmeter Wasserfläche unter freiem Himmel stehen den Wasserratten, Sprungkünstlern sowie Sonnenanbetern in der warmen Jahreszeit zur Verfügung. Beliebt sind bei den Gästen das Wellenbecken, die Rutschen, der Strömungskanal, die Sprudelbank und das Sprungbecken sowie Veranstaltungen wie die Schaumparty oder das Schnuppertauchen. Sportliche Aktivitäten außerhalb des Wassers sind beim Basketball, Fußball, Tischtennis, Volleyball, Minigolf und auf dem Spielplatz möglich.

Das Naturbecken, durch das der Rhein fließt, ist nicht zum Baden freigegeben, kann aber über den Panoramaweg und die Rheinpromenade umrundet werden. Außerhalb der Badesaison öffnet das Gelände seine Tore und steht Spaziergängern als Park zur Verfügung. Bei Hochwasser bleibt das Bad aus Sicherheitsgründen geschlossen.

www.ka-baeder.de

Die spritzigsten Wasserfreuden

Badeparadies Schwarzwald Titisee-Neustadt

Die Tropen liegen im Schwarzwald

Zwischen Karibik und Tannenduft bekommt der Wasserspaß im Badeparadies Schwarzwald in Titisee-Neustadt eine ganz neue und beeindruckende Bedeutung: Auf einer Gesamtfläche von 9500 Quadratmetern umrahmen 180 echte Palmen den Bade- und Wellnesstag. In der exklusiven Palmenoase samt Poolbar und transparentem Dach, das bei warmen Außentemperaturen geöffnet werden kann, sowie in der Galaxy Schwarzwald – der einmaligen Rutschenwelt mit mehr als 20 Attraktionen für Jung und Alt – werden Urlaubs- und Wasserträume wahr. Themenwochen, architektonische Finessen, der Außenbereich sowie das kulinarische und ganzheitliche Verwöhnprogramm zeigen, dass die Publikumsauszeichnung zu Deutschlands bestem Erlebnisbad 2012/2013 durchaus begründet ist. Übrigens gibt es hier Baden-Württembergs längste Reifenrutsche und die weltweit größte Edelstahl-Halfpipe.

www.badeparadies-schwarzwald.de

Fildorado Filderstadt

Wasser erleben mit allen Sinnen

Wasser lässt sich auf verschiedene Weise genießen. Im Fildorado in Filderstadt kommen deshalb sowohl Wassersportler als auch Entspannungssuchende voll auf ihre Kosten. Während die einen liebend gerne um die Wette rutschen, im Wellenbad und Strömungskanal die Kraft des Wassers spüren, sich mit Sprudlern, Massagedüsen, Wasserfall und sanftem Regen umgeben, lieben es andere sportlich und ziehen ausdauernd ihre Bahnen. Wieder andere suchen Entspannung im 34 Grad warmen Thermalwasser, verlegen ihren Badespaß im Sommer kurzerhand ins Freie, kombinieren ihn mit Beachvolleyball, anderen Sportangeboten und einem Sonnenbad oder besuchen den 5000 Quadratmeter großen Wellness- und SPA-Bereich. Farblichttherapie, verschiedene Aufgüsse, Kalttauchbecken, ein Crashed-Ice-Brunnen und anderes mehr runden den Saunagang ab. Das großzügig angelegte Sport- und Badezentrum auf den Fildern hält für seine Gäste zudem mit dem Erlebnisbad-Restaurant, einem Bistro und der Sauna-Bar auch eine kulinarische Rundumbetreuung bereit.

www.fildorado.de

Miramar Weinheim

Kurzurlaub im Nordwesten des Landes

Dank Erlebnisbad, Saunaparadies, Therme, Ruhebereichen und Gastronomie vergehen im Weinheimer Freizeitzentrum Miramar die bis zu 15 möglichen Stunden Wasser-, Sauna- und Badespaß wie im Flug und beflügeln die Lebensgeister. Vor allem die Rutschen, die für einen rekordverdächtigen Adrenalinkick samt freiem Fall und Formel-1-Feeling sorgen, begeistern. Das Wellenbad, der Strömungskanal sowie die liebevoll angelegten Bereiche wie die Dschungelbucht runden das Angebot ab. Die Seele im südlichen Flair baumeln lassen, die Energie der Edelsteine spüren oder eine Erfrischung in einem Natursee nehmen, ist im Saunaparadies mit seiner Parklandschaft möglich. Freunde von warmem Wasser zieht es in die Salz- und Kristalltherme mit Temperaturen bis zu 36 Grad. Der Winterhit im Erlebnisbad ist die außergewöhnliche Lasershow am Abend.

www.miramar-bad.de

Palais Thermal Bad Wildbad

Fürstlich und märchenhaft entspannen

Ein Erlebnis für die Sinne und eine erholsame Auszeit vom Alltag verspricht der Besuch des sinnlich orientalischen Palais Thermal im Herzen von Bad Wildbad. Es gilt als eines der schönsten Bäder in Deutschland. Es ist nicht nur die Kombination von zwölf Thermalwasserbecken und sieben verschiedenen Saunen, die als Anziehungspunkte gelten, sondern vor allem auch die märchenhafte Kulisse des Badetempels mit Farbenspielen in den Fenstern, Marmor, filigranen Mosaiken und einer opulenten Innenarchitektur im Jugendstil. Wo einst die hohen und königlichen Herrschaften, noch nach Geschlechtern getrennt, ihr Badeerlebnis genossen, können heute die Gäste entspannen und, egal wohin sie ihren Blick richten, immer Neues entdecken. Sie flanieren durch die Maurische Halle, erfrischen sich dort mit einem Imbiss, lassen sich im Wasser treiben, genießen den Ausblick über die Dächer der Stadt, ruhen aus und lernen zudem auf bezaubernde Weise im kleinen Bademuseum die Badekultur des 19. Jahrhunderts kennen.

www.palais-thermal.de

Bodensee-Therme Überlingen

Wasserattraktionen für die ganze Familie

Heilendes Thermalwasser aus mehr als 1000 Metern Tiefe und abwechslungsreicher Wasserspaß für die ganze Familie warten in der Überlinger Bodensee-Therme. Hier kommen Wasserratten ebenso auf ihre Kosten wie Entspannungssuchende. Aufgeteilt in die vier Bereiche Sport und Thermal, Wellness, Sauna sowie Massage und Beauty findet jeder Badegast ein Plätzchen, das seinen Ansprüchen genügt. Immer dabei ist der Blick auf den angrenzenden Bodensee. Die kleinsten Besucher freuen sich über Kinderduschen, Wasserpumpen und den Kinderpool. Rasant sind die Abfahrten auf der Familien- und Reifenrutsche. Bei Wassergymnastik und AquaCycling lässt sich an der eigenen Fitness arbeiten. Unterwassermusik, Lichtprojektionen und Ruhezonen geben einer Auszeit die richtige Kulisse. Richtig heiß geht es in den Saunen zu.

Im Sommer lässt sich der Badespaß auf das angegliederte Strandbad ausweiten. Wie fein die Leckerbissen vom Bodensee und aus der Region nach einem Badetag schmecken, zeigt die angegliederte Gastronomie.

www.bodensee-therme.de

Die verlockendsten Freizeitparks

von **pfiffig** bis **blitzschnell**

Kletterwald Biberach

Experimenta Heilbronn

Histotainment Park Adventon

Blühendes Barock Ludwigsburg

Ravensburger Spieleland

Steinwasen-Park Oberried

Sensapolis Sindelfingen

Power-Car Motodrom Mannheim

Erlebnispark Tripsdrill Cleebronn

Europa-Park Rust

Kletterwald Biberach

Ausflug in die Baumwipfel

Wie eine Spinne geschwind durch das Netz krabbeln, die Natur und Umwelt aus neuen Perspektiven betrachten, sich wie Tarzan dynamisch von Baum zu Baum schwingen oder auf einer rasanten Seilbahnabfahrt den Biber-Blitz testen – all dies kann man als Einsteiger und Fortgeschrittener im Kletterwald Biberach. Dreh- und Angelpunkt ist der zentrale Kletterturm. Derzeit ist der Kletterpark, der über ein innovatives Sicherungssystem verfügt, das ein komplettes Aushängen der Gurtsicherungen verhindert, der modernste Hochseil-garten Oberschwabens.

Im Naherholungsgebiet Burrenwald erwarten die Outdoorfans neun Parcours mit insgesamt 85 Kletterelementen. Die komplette Ausrüstung und eine Einführung sowie eine persönliche Betreuung sind inklusive. Auf die ganz mutigen Kletterer ab 15 Jahren wartet der bis zu zwölf Meter hohe »Schwarz Veri Weg«. Nach dem Kletterabenteuer bieten der große Waldspielplatz und die Grillmöglichkeiten in unmittelbarer Nähe Erholung.

www.kletterwald-biberach.de

Experimenta Heilbronn

Licht ins Dunkel und spannende Netzwerke

Die experimenta Heilbronn gilt als größtes Science Center seiner Art im süddeutschen Raum. Das Motto der Lern- und Erlebniswelt lautet auf 6500 interaktiven Quadratmetern: entdecken, erleben, erkennen. Angesprochen sind alle naturwissenschaftlich und technisch Interessierten vom Jugendlichen bis zum Erwachsenen, von der Familie bis zur Schulklasse, vom Vorschulkind bis zum Jugend-forscht-Teilnehmer. Die rund 150 Exponate, die allesamt zum Mitmachen, Mitdenken und Staunen einladen, verteilen sich in verschiedene Themenbereiche wie dem E-Werk (Energie & Umwelt), der Werkstatt (Technik & Innovation), dem Netzwerk (Mensch & Kommunikation) sowie dem Spielwerk (Mensch & Freizeit). Dazu können die Besucher in den Talentschmieden ihr Wissen und ihre Interessen durch praktisches Tun vertiefen und dabei Stärken entwickeln. Wechselnde Sonderausstellungen, Wettbewerbe und das Sommerferienprogramm machen Lust auf Naturwissenschaft und Technik und bringen auf unterhaltsame Art und Weise Licht ins Dunkel.

www.experimenta-heilbronn.de

Histotainment Park Adventon Osterburken

Zurück ins Mittelalter

Interaktive Museen machen Spaß. Besonders wenn extrem an der Zeitschraube gedreht wurde und der Aufenthalt mit allem Drum und Dran kurzerhand zurück ins Mittelalter führt. Leben, Arbeiten und Bauen steht daher im Mittelpunkt des Erlebnismuseums Adventon in Osterburken. Die Besucher können beim Bau einer mittelalterlichen Stadt zuschauen oder gleich selbst mit anpacken. So wie damals, versteht sich. Mit einfachstem Werkzeug und seinerzeit gängigen Materialien.

Hinweistafeln auf dem ganzen Gelände geben Auskunft zu den laufenden Aktionen und den Tierrassen, die sich auf dem Gelände tummeln. Feste im Jahreslauf wie das Ritterfest, die Sonnwendfeier, die große Schlacht, das Wikingerfest oder die Hofweihnacht lassen tiefere Einblicke in den Alltag unserer Vorfahren zu. Übrigens kann man im Histotainment Park Adventon im Besucherlager oder historischen Zelt auch übernachten.

www.adventon.de

Blühendes Barock Ludwigsburg

Märchenhafte Szenen und blühende Gärten

Im Blühenden Barock Ludwigsburg ergänzen sich zwei Welten auf märchenhafte, wenn nicht sogar romantische Art und Weise. Mitunter gehen sogar die Superlative aus – wie beispielsweise bei der jährlichen Kürbisausstellung oder dem Musikfeuerwerk. Inmitten der blühenden und schön angelegten Parklandschaft, der ältesten Dauergartenschau Deutschlands, steht zum einen das prächtige Ludwigsburger Residenzschloss. Was aber vor allem das jüngere Publikum anzieht, ist der interaktive und in die Natur eingebettete Märchengarten mit seinen mehr als 40 liebevoll gestalteten Märchenszenen.

Dass die üppigen Schlossanlagen der Öffentlichkeit zugänglich gemacht wurden und heute Blütenduft sowie barockes Flair verbreiten, verdanken die Besucher der Gartenschau 1954, die auf diesem Gelände stattfand. Aufgrund des damaligen großen Erfolges wurde die ursprünglich für ein halbes Jahr geplante Ausstellung zur Dauergartenschau. Übrigens dreht hier in blühender Kulisse auch der SWR seit vielen Jahren seine beliebte Gartensendung »Grünzeug«.

www.blueba.de

Ravensburger Spieleland

Spielspaß und Action am Bodensee

Das Ravensburger Spieleland in Meckenbeuren, zwischen Ravensburg und Bodensee gelegen, erwartet die Besucher mit einem liebevoll gestalteten und harmonisch in die Natur eingebetteten Freizeitpark. Mitmachen, Spiel und Spaß sowie das gemeinsame Erleben stehen für alle Besucher und Familien bei mehr als 60 Attraktionen in sieben Themenwelten im Vordergrund. Eine erste Übersicht über das 25 Hektar große, parkähnliche Gelände gelingt mit einer Fahrt auf der Schwäbischen Eisenbahn. Attraktiv ist das vor allem für Kinder zwischen 2 und 14 Jahren.

Der mehrfach ausgezeichnete Park überzeugt mit seinem Mix aus rasanten, turboschnellen wie spritzigen Abenteuern, Mitmach-aktionen – auch im Team – sowie Attraktionen, die zum Verschnaufen einladen, dabei aber nicht langweilig sind. Nervenkitzel in der Wildwasserbahn, mit Käpt'n Blaubär auf Abenteuerfahrt, in der »Grünen Oase« Landluft schnuppern, die Aussicht aus 36 Metern Höhe genie-ßen oder im 4-D-Kino staunen – all dies und noch viel mehr ist in den Spiellandschaften möglich.

www.spieleland.de

Steinwasen-Park Oberried

Tierisches Freizeitvergnügen

Unterhalb des Schauinslandgipfels verbinden sich im Steinwasen-Park Gebirgslandschaft, mehr als 30 Tierarten vom Waschbär bis zum Muffelwild und moderne wie rasante Fahrattraktionen zu einem großen Ganzen. Das Gelände in Oberried ist großzügig und naturbelassen angelegt. Angebote im Innen- und Außenbereich wechseln sich ab. Entweder zu Fuß oder bequem mit der Sesselbahn geht es hoch hinauf. Hier lohnt ein erster Blick auf die Wildgehege und weiterer Attraktionen des Parks, unter anderem auf die rasante Doppelrodelbahn und die spritzige Wildwasserfahrt. Auf der längsten Fußgängerseilbrücke der Welt schaut man von oben auf die Baumwipfel und beobachtet dabei Rentiere, das Sika-, Rot- und Schwarzwild. Spielplätze, der Streichelzoo, das Schwarzwaldmuseum samt Schwarzwaldbahn, die Gastronomie und vor allem die vielen wetterunabhängigen Publikumsangebote runden das bunte Programm für alle Generationen ab. Alles inklusive Ausblick auf den Feldberg oder den benachbarten Mummelsee.

www.steinwasen-park.de

Sensapolis Sindelfingen

Indoorspaß für die ganze Familie

Die Macher von Sensapolis schaffen es auf 10 000 Quadratmetern, die ganze Familie zu begeistern – wetterunabhängig und abwechslungsreich. Während sich die ganz kleinen Besucher im Kleinkindbereich wohlfühlen, spazieren die größeren auf Erkundungsgang durchs romantische Märchenschloss des verschlafenen Königs, starten auf Mission in den Weltraum oder stechen als Piraten auf Beutezug in See. Den Bewegungsdrang befriedigen rasante Rutschen und verschiedene Kletterabenteuer, die bis unter das 14 Meter hohe Hallendach reichen. Etwas ruhiger geht es im Wissens-Center zu. Hier warten auf die Nachwuchsforscher unterhaltsame wie kurzweilige Experimente und Mitmachstationen. Auf drei Ebenen und bis zu 50 Kilometer schnell schnell düsen im angegliederten Sensadrom die Elektrokarts über die Kartbahn. Wer nach so vielen Attraktionen Hunger und Durst bekommt, kann sich jetzt im Restaurantbereich von den amüsanten wie aufregenden Strapazen erholen und Kraft für neue Abenteuer tanken.

www.sensapolis.de

Power-Car Motodrom Mannheim

Rennspaß

Der Karrierestart in die große Formel 1 nimmt seine Anfänge oft auf einer Kartbahn. Die Faszination der Geschwindigkeit, Rundenrekorde und das Spüren des motorisierten Gefährts auf der Indoorkartbahn machen nicht nur großen Spaß, sondern vermitteln auch schon den Nachwuchspiloten einen verantwortungsvollen Umgang mit motorisierten Fahrzeugen. Auf über 5000 Quadratmetern, einer Streckenlänge von mehr als 528 Metern und mit TÜV-geprüften und modernen Rennkarts steht dem Spaß im Power-Car Motodrom nichts im Wege. Kinder von 8 bis 14 Jahren fahren auch ohne spezielle Vorkenntnisse mit der individuell gedrosselten Flotte und nach einer Einführung in die Bremstechnik zu separaten Fahrzeiten. Das Bistro lädt auf eine Stärkung, Erfrischung und zum Fachsimpeln unter Rennkollegen ein. Die Verbindung von Sicherheit und Fahrerspaß für Gruppen und Einzelfahrer steht im Vordergrund. Und dass die Zeiten stimmen, dafür sorgt auch das computergesteuerte Runden-Zeitmesssystem.

www.kartbahn-mannheim.de

Erlebnispark Tripsdrill Cleebronn

Schwäbisch derb und turbulent

R omantisch liegt der Erlebnispark Tripsdrill im Zabergäu. Er war Deutschlands erster Erlebnispark und ging 1929 mit der Altweibermühle, dem noch heute genutzten und beliebten Wahrzeichen, an den Start. Seitdem wächst der Park behutsam immer weiter und begeistert die Besucher auch mit der liebevollen Gestaltung und den lustigen Namen für die Fahrgeschäfte wie »G'sengte Sau«, »Waschzuberrafting« oder dem »Doppelten Donnerbalken«.

Umgeben von Weinbergen gibt es auf 77 Hektar Spaß und Nervenkitzel bei mehr als 100 Attraktionen – manchmal kann es auch nass werden. Ganz neu ist die Katapult-Achterbahn, die in 1,6 Sekunden auf 100 Stundenkilometer beschleunigt. Rund geht es unter anderem in Suppenschüsseln, Kaffeetassen oder Opas alten Schlappen. Die Zielgruppe ist klar definiert, es sind Mutige, Wasserratten, Wissensdurstige, Inter-Aktive, Familien und natürlich auch die Kleinsten, die sich hier wohlfühlen und einen abwechslungsreichen Tag in einem schönen Ambiente verbringen möchten.

www.tripsdrill.de

Europa-Park Rust

Spaß kennt keine Grenzen

Im Dreiländereck von Deutschland, Frankreich und der Schweiz liegt in der Gemeinde Rust der 1975 eröffnete Europa-Park. Der rund 150 Fußballfelder große Park bietet 17 Themenbereiche mit mehr als 100 Attraktionen und vielen spektakulären Shows. Hat man das Areal betreten, erforscht man mit allen Sinnen die Welt, taucht in spannende Erlebniswelten ein, lässt sich märchenhaft verzaubern und spürt den Fahrtwind samt Adrenalin bei rasanten Achterbahnfahrten. Der Zauber des Europa-Parks schlägt Jung und Alt gleichermaßen in seinen Bann.

Wer vom Trubel eine Auszeit braucht, findet seinen Platz in einem der 50 Restaurants, Imbisse, Bars oder Eisdielen oder nutzt eines der fünf Themenhotels für einen Kurzurlaub. Die Weihnachtszeit bietet eine ganz besondere Atmosphäre: Aus Deutschlands größtem Freizeitpark wird ein Winterwunderland samt Lichtzauber, Weihnachtsmarkt und Zirkusprogramm.

www.europapark.de

Die faszinierendsten Tierschauen

von zahm bis wild

Sea Life Konstanz

Affenberg Salem

Vogelpark Steinen

Wild- und Freizeitpark Allensbach

Wildpark Bad Mergentheim

Wildparadies Tripsdrill Cleebronn

Burg Guttenberg Haßmersheim

Alternativer Wolf- und Bärenpark

Zoologischer Stadtgarten Karlsruhe

Wilhelma Stuttgart

Sea Life Konstanz

Meeres- und Flussbewohner hautnah erleben

Abtauchen ohne Taucherbrille und Sauerstoffflasche und ohne auch nur einen Fuß ins Wasser zu setzen? Das geht doch gar nicht! Geht doch und recht eindrucksvoll und wetterunabhängig dazu im Konstanzer Sea Life. An 30 Becken lassen sich mehr als 3000 Tiere aus 100 Arten aus nächster Nähe beobachten und im Berührungsbecken, dem Streichelzoo für Meeresbewohner, Seestern und Co kraulen. Spektakulär ist der Gang im gläsernen Tunnel durch das Ozeanbecken, während nebenan die drolligen Pinguine in ihrer antarktischen Umgebung den Nachwuchs versorgen.

Interessant ist der regionale Schwerpunkt, der auf eine Reise von der Rheinquelle über die Nordsee bis in die Tiefen des Roten Meeres führt. Jährlich wechselnde Sonderausstellungen lassen weitere Einblicke zu und stillen den Wissensdurst rund um die magische Unterwasserwelt. Interaktive Führungen, mehrere Fütterungen pro Tag und das Restaurant mit Seeterrasse runden die etwas andere Expedition in die Lebensräume der Meere und Flüsse unterhaltsam wie kurzweilig ab.

www.sealife.de

wild

Affenberg Salem

Auf Du und Du mit den tierischen Verwandten

Die mehr als 200 frei laufenden Berberaffen auf dem Affenberg Salem sind aufgeweckt und mitunter auch richtig frech. Wer sich getraut, kann die Tiere mit speziell vor Ort zubereitetem Futter beglücken und kommt seinen tierischen Verwandten so ganz nah. Mehrmals täglich füttern Mitarbeiter die Affen und geben Erklärungen dazu. Zu Hause sind die Berberaffen in Marokko und Algerien, wo sie in Gebirgen auf bis zu 2000 Metern Höhe leben. Dass sie sich auch im milden Bodenseeklima wohl fühlen, zeigen sie auf dem weitläufigen 20 Hektar großen Gelände und bei ihren Spielchen mit den Gästen.

Da die Berberaffen vom Aussterben bedroht sind, stellt der Affenberg Salem auch einen Reservebestand dar, Tiergruppen können wieder ausgewildert werden. Übrigens finden sich auf dem Gelände auch Störche, Damwild, ein Spielplatz sowie eine gemütliche Hofschänke und Hintergrundinformationen zu allen tierischen Bewohnern.

www.affenberg-salem.de

Vogelpark Steinen

Faszination Greifvogel, Berberaffe und Känguru

Eingebettet in die ursprüngliche Landschaft des Südschwarz-waldes, verbirgt sich in einer Talsenke seit 1980 der Vogelpark Steinen. Auf zehn Hektar liebevoll angelegter Parklandschaft samt Grill- und Spielplätzen, Barfußweg, Kneippanlage, Baumgarten und Bocciabahn haben viele Tiere ein Zuhause gefunden und begeis-tern die Besucher. Darunter die frechen Berberaffen, die Kängurus samt Nachwuchs im Sack, die zahmen Vierbeiner im Streichelgehege und allen voran die Vielzahl der Vögel im Sittichfreigehege, in Volieren oder im Vogelkundehaus. Besonders beliebt sind die Falkner, die täglich zu faszinierenden Flugschauen mit Greifvögeln einladen und nach Voranmeldung auch ein persönliches Treffen mit den anmutigen Flugkünstlern arrangieren. Im Tropenhaus lebt der Urwald samt Blüten-zauber, während im Schaubruthaus der Vogelnachwuchs publikums-wirksam aus dem Ei schlüpft. Die thematischen Vogelparkrallyes für Gruppen verschaffen weitere spannende Einblicke in die Tierwelt.

www.vogelpark-steinen.de

Wild- und Freizeitpark Allensbach

75 Hektar Parkanlage auf dem Bodanrück

Im Wild- und Freizeitpark Allensbach am Bodensee erwartet die Gäste ein Mix aus Naturerlebnis, Tierwelt und Bewegungsangeboten – darunter beispielsweise das 1200 Quadratmeter große Klettercamp, der Kettcarparcours oder die Riesen- und Steilrutsche. Damit ist jede Menge Platz zum Spielen und Toben garantiert. Kleine Fahrgeschäfte bereichern das Angebot im parkähnlich angelegten, großzügigen Gelände. Auf einem Rundweg kommt man am Damwild und den Sika-hirschen vorbei, trifft mit ein wenig Glück auf Schwarzwild und freilaufende Mufflons und bestaunt das Bärenduo aus nächster Nähe. Fasane, Ziegen und Esel sowie der Streichelzoo samt Ponys lassen Kinderherzen höher schlagen.

Höhepunkte sind die zweimal am Tag stattfindenden Falkner-vorführungen (außer Montag). Mit der Eisenbahn startet dazu eine kleine Rundfahrt durch den liebevoll angelegten Rosen- und Schul-garten, vorbei am Grillplatz und dem kleinen See. Wer nach so viel tierischen wie sinnlichen Eindrücken hungrig ist, stärkt sich im angrenzen-den Landgasthaus »Mindelsee«.

www.wildundfreizeitpark.de

Wildpark Bad Mergentheim

Tierisch was los

Seit 1973 existiert der 35 Hektar große Wildpark bei Bad Mergentheim, in dem sich rund 70 Tierarten aufhalten. Die Erkundung ist auf eigene Faust möglich, die Führung durch Tierpfleger vermittelt aber mehr Hintergrundwissen. Den Machern des Parks liegt es sehr am Herzen, die Tiere in ihrem natürlichen Verhalten zu zeigen. Daher verzichten sie weitgehend auf Maschendrahtzäune, Käfige und Gitter und setzen auf naturnah gestaltete Freisichtanlagen, artgerechte Tierhaltung und verbauen natürliche Materialien. Beeindruckend ist das große Wolfsrudel mit seinen rund 30 Tieren, das bei der Fütterung aus nächster Nähe beobachtet werden kann. Wozu man Nutztiere wie Hütehund, Ochsen oder Hühner benötigt, lässt sich im Spielbauernhof erfahren.

Gegen die fast unmögliche Langeweile im Park sorgen zusätzliche Sonderprogramme wie eine Fackelwanderung, Axt-Werfen oder Bogenschießen. Ganz neu und einzigartig ist die Koboldburg, eine Fantasieburg auf 2000 Quadratmetern.

www.wildtierpark.de

wild

Wildparadies Tripsdrill Cleebronn

Vom Auerochsen bis zur Ziege

Nur zehn Gehminuten vom Erlebnispark Tripsdrill entfernt liegt das 1972 eröffnete Wildparadies Tripsdrill. Die Parkfläche nimmt stolze 47 Hektar Mischwald ein, in denen sich rund 40 Tierarten wie putzige Frettchen und freche Waschbären tummeln. Genügend Platz ist für einen Abenteuerspielplatz, den Waldkletterpfad, den Walderlebnispfad mit 20 Stationen, den 150 Meter langen Barfußpfad, Grillstellen und die Wildsau-Schenke. Hauptattraktion sind die tierischen Bewohner, die sich zum Teil in Freigehegen aufhalten und von den Besuchern gefüttert werden dürfen. Beliebt sind neben dem Wild auch seltene Tiere wie Polarwölfe, Braunbären, Luchse oder die majestätischen Greifvögel. Die kommen zweimal täglich, außer freitags, bei der Flugschau des Falkners groß raus. Übrigens verkehrt in der Hauptsaison zwischen dem Erlebnispark und dem Wildparadies der Schnaufende Trullaner, ein Zug auf Rädern, und die Eintrittskarte in den Erlebnispark deckt den Besuch des Wildparadieses ab.

---

www.tripsdrill.de

wild

Burg Guttenberg Haßmersheim

Flugabenteuer vor mittelalterlicher Kulisse

Es gibt gleich mehrere Anlässe, der noch bewohnten und im Besitz der Freiherren von Gemmingen befindlichen Stauferburg Guttenberg in Haßmersheim, romantisch zwischen Neckar- und Mühlbachtal gelegen, einen Besuch abzustatten. Die spätmittelalterliche und nie zerstörte Höhenburg stammt aus dem 12. Jahrhundert und beherbergt neben dem Burgmuseum und der Burgschenke auch die Deutsche Greifenwarte. Für Besucher ist der Einblick in die Welt der Greifvögel samt ihrer Flugvorführungen über dem Neckartal einmalig und faszinierend zugleich. In den Zwingeranlagen leben rund 120 Vögel, darunter auch imposante Großgreifvögel wie Mönchs-, Gänse- und Bartgeier und ihre etwas kleineren Kollegen wie See-, Weißkopfsee-, Schreisee-, Stein- und Kaiseradler. Zudem ist auf der Burg eine Pflege- und Auswilderungsstation untergebracht. Die Falkner stehen für Fragen zur Verfügung und wer sich getraut, kann sogar ein individuelles Treffen mit einem gefiederten Freund wie dem Wüstenbussard Paulchen buchen.

www.burg-guttenberg.de

wild

Die faszinierendsten Tierschauen

Alternativer Wolf- und Bärenpark Bad Rippoldsau-Schapbach

Ein Zuhause für Bären und Wölfe

n Bad Rippoldsau-Schapbach finden im Alternativen Wolf- und Bärenpark seit 2010 Bären und Wölfe aus Privatbesitz oder Zirkussen eine neue Heimat. Der Park hat sich zum ehrgeizigen Ziel gesetzt, den misshandelten Tieren in großen naturnahen Freianlagen ein artgerechtes Leben zu ermöglichen sowie über Natur- und Artenschutz zu informieren. Mit Führungen und speziellen Veranstaltungen versuchen die Macher zudem, die Akzeptanz für die zurückkehrenden Räuber wie Luchs und Wolf zu schaffen. Der Park sieht sich nicht als Zoo, sondern als alternative Einrichtung, die den Besuchern ganzjährig die Beobachtung der Tiere und ihrer natürlichen Verhaltensweisen ermöglicht. Die derzeit neun Bären leben zusammen mit drei Wölfen auf dem weitläufigen in den Schwarzwald eingebetteten Gelände.

Für Kinder gibt es eine Spiellandschaft aus Naturmaterialien. Prominenteste Bewohnerin ist zurzeit die Bärin Jurka, die Mutter des berühmten und 2006 zum Abschuss freigegebenen Bären Bruno.

www.baer.de

Zoologischer Stadtgarten Karlsruhe

Begegnung von Mensch und Tier inmitten der Stadt

Der Zoologische Stadtgarten in Karlsruhe beherbergt einen der ältesten Zoos Deutschlands. Bereits 1865 legte der Badische Geflügelzuchtverein den Grundstein für den Tierpark, der nach einigen Jahren in den städtischen Besitz überging. Besonders ist die harmonische Verbindung von Tiergehegen und gärtnerischen Anlagen in der 22 Hektar großen Parkanlage – und das mitten in der Stadt.

Neben 130 Tierarten mit über 900 Exemplaren von allen Kontinenten gedeihen 800 imposante Bäume, 15 000 Rosen sowie unzählige Stauden, Sommerblumen und Kletterpflanzen. Die Besucher schätzen die in Themenwelten präsentierten Tierwelten. So durchwandert man unter anderem die Tundra-Landschaft, die afrikanische Savanne oder die Bergwelt des Himalayas, aber auch das Streichelgehege. Dabei lassen sich vom Affen bis zum Zebra, vom Erdmännchen bis zum mächtigen Elefanten allerlei tierische Bewohner beobachten. Schaufütterungen, Gastronomie, Themengärten, Spielplätze, die Seebühne, der Aussichtspunkt sowie die Gondoletta-Bootstour sorgen für Kurzweil, spannende Einblicke und einen ausgefüllten Tag.

www.karlsruhe.de

Wilhelma – Zoologisch-Botanischer Garten Stuttgart

Lustwandeln auf königlichen Spuren

Die Stuttgarter Wilhelma, der einzige Zoologisch-Botanische Garten in Deutschland, wird auch liebevoll als das »Alhambra am Neckar« bezeichnet. Bauherr des parkähnlichen Geländes samt Gebäuden im maurischen Stil war um 1842 König Wilhelm I. von Württemberg. Dass im königlichen Garten mit dem Flair von 1001 Nacht jedoch viele Jahre später auch einmal Tiere eine Heimat finden sowie scharenweise Besucher ein- und ausgehen würden, war seinerzeit allerdings nicht geplant. Die tierischen Bewohner eroberten das Gelände erst nach dem Zweiten Weltkrieg. Giraffen, Zebras, Antilopen und Pinguine waren die Ersten, gefolgt von Elefanten und ehemaligen Zirkusaffen.

Heute tummeln sich im 30 Hektar großen und modernen Tierpark rund 9000 Tiere von mehr als 1100 Arten. Dazu warten im Botanischen Garten und den historischen Gewächshäusern rund 7000 farbenfrohe Arten und Sorten auf die Besucher. Die vielfältige Tier- und Pflanzenwelt inmitten der Stadt versprüht zu jeder Jahreszeit ihren Reiz und ist nicht umsonst eine beliebte Freizeiteinrichtung weit über die Stadtgrenze hinaus.

www.wilhelma.de

Die romantischsten
Burgen & Schlösser

von **uralt** bis **alt**

Ruine Hohentwiel

Schloss Sigmaringen

Burg Wildenstein

Burg Katzenstein

Burg Hohen Neuffen

Heidelberger Schloss

Burg Rötteln

Burg Hohenzollern

Schloss Altensteig

Schloss Lichtenstein

Ruine Hohentwiel

Schönste Aussicht des Landes

Eine der größten Festungsruinen trotzt auf dem Hohentwiel bei Singen. Bei klarer Sicht kann man den Blick über den Bodensee bis zur Gipfelkette der Schweizer Alpen schweifen lassen. Bei Nebel erscheint das geschichtsträchtige Gemäuer jedoch mystisch, gar gespenstisch. Hohe Mauern, dunkle Kasematten und steile Felsen inmitten des Landschaftsschutzgebietes erinnern an die langjährige Geschichte des Berges und der Burg.

Der Hohentwiel war einst ein wuchtiger Vulkanschlot in der Vulkanlandschaft des Hegaus. Bereits 914 entstand dort eine erste Burganlage. Gleich mehrere Persönlichkeiten wie Herzog Graf Ulrich von Württemberg, Kaiser Napoleon und der Dichter Viktor von Scheffel stehen mit der Burg in Verbindung. Doch bevor man zu Fuß die letzten steilen Meter bis zum Eingangstor auf sich nimmt und die Schnecke am Giebel des Kasernenhauses sucht, lohnen ein Blick ins Infozentrum und auf das große Festungsmodell, ein Gang in die Dauerausstellung und vor allem der Kauf der Eintrittskarte für die Festung.

www.festungsruine-hohentwiel.de

alt

Schloss Sigmaringen

Von der Burg zum fürstlichen Residenzschloss

A m Rande der Schwäbischen Alb und hoch über der Donau steht das zweitgrößte Stadtschloss Deutschlands. Seit fast 500 Jahren ist das bewohnte Schloss Sigmaringen im Besitz der Hohenzollern, eines der ältesten und bedeutendsten Adelsgeschlechter Europas. Jahrhundertelang war es Treffpunkt des europäischen Hochadels. In über 450 Räumen und Prunksälen beherbergt es nicht nur Zeugnisse seiner wechselvollen Familiengeschichte und einzigartige Kunstschätze, sondern auch die größte private Waffensammlung Europas und eine bedeutende Kutschensammlung.

Das Angebot der Schlossführungen, auch für Kinder, sucht seinesgleichen. Höhepunkte sind die stimmungsvollen Konzerte und die Ausstellungen im Fürstlichen Museum. Zeugnisse der jüngeren und älteren Vergangenheit wie herrschaftliche Gebäude, der Prinzengarten im englischen Stil oder die zur Gartenschau 2013 angelegten Parkanlagen begegnen den Besuchern zusätzlich bei einem Stadtbummel und am wildromantischen Donauufer.

www.sigmaringen.de
www.schloss-sigmaringen.de

alt

Burg Wildenstein

Altehrwürdiges Gemäuer voller Leben

Auf einem Felsvorsprung über dem wildromantischen Donautal bei Leibertingen steht in rund 800 Metern Höhe die prächtige und mittelalterliche Burg Wildenstein. Sie stammt vermutlich aus dem 11. Jahrhundert und gilt aufgrund ihres Zustands als eine der besterhaltenen Burganlagen Deutschlands. 1971 ging die weitgehend weiße Burg mit ihren Türmen, Toren und der großen Zugbrücke in den Besitz des Deutschen Jugendherbergswerkes über, wurde renoviert und ist seitdem wieder mit Leben erfüllt. Für Gäste stehen Kemenaten zur Verfügung, Wanderer kehren in den Sommermonaten in den bewirteten Burghof ein. Alle Gäste und Besucher genießen gleichermaßen die Aussicht auf die noch junge Donau im Tal, den Ausblick auf die Schwäbische Alb und können bei Führungen die Anlage erkunden.

Für mittelalterliches Flair sorgen jährlich am Muttertag das Mittelalterfest mit Handwerkermarkt, Burgführungen und Ritterlager. Gleich neben der Burg geht es zum Walderlebnispfad und zur großen Spielburg.

www.burgwildenstein.de

alt

Burg Katzenstein

Über den Schatz wacht der Burggeist

Die Burg Katzenstein, nördlich von Dischingen-Katzenstein im Kreis Heidenheim gelegen, ist eine der ältesten romanischen Burganlagen in Süddeutschland. Besucher strömen zu den beliebten Märkten und Veranstaltungen wie der romantischen Burgweihnacht, dem Mittelaltermarkt und den ganzjährigen gastronomischen Angeboten herbei. Sie tafeln ritterlich im Felsenkeller und Staufersaal, übernachten vor Ort oder genießen im Burggarten die Sonne. Immer dabei ist Baldrian der Burggeist, der über die zwölf mit Gold- und Edelsteinen gefüllten Truhen wacht und die Besucher mit Ratschlägen wie »Bei Regen und bei Sonnenschein, mach's wie der Herr auf Katzenstein: Nimm Glas und Krug, setz dich zum Wein, dann wirst du immer fröhlich sein« unterhält. Lebhafter können Geschichtsstunden zwischen Wehrgängen, Innenhöfen, Basteien und dem Katzenturm kaum sein.

www.burgkatzenstein.de

Burg Hohen Neuffen

Einst wichtiger Tagungsort auf der Schwäbischen Alb

Erstmals im Jahr 1198 urkundlich erwähnt, hat das auf einem hervorspringenden Weißjurakalkfelsen sitzende Burgfundament der Burg Hohen Neuffen über dem Städtchen Neuffen schon allerlei erlebt. Könnten die Mauern sprechen, würden sie über rauschende Feste sowie über mehrmalige erfolglose Belagerungen berichten und auch darüber, dass das Gemäuer schon Brandwache und Landesgefängnis war.

Als wichtiger Tagungsort ging die Burg 1948 in die Geschichtsbücher des Landes ein. Seinerzeit trafen sich in der Anlage die Ministerpräsidenten der drei südwestdeutschen Länder Südbaden, Württemberg-Hohenzollern und Württemberg-Baden zu Beratungen. Eine Gedenktafel erinnert an die geschichtsträchtige Dreiländerkonferenz, aus der 1952 Baden-Württemberg hervorging. Besucher der Burg erwartet nach einem 15-minütigen Aufstieg neben dem Ausblick eine herzliche Gastronomie, ein über das Jahr verteiltes Kultur- und Veranstaltungsprogramm sowie das Falknerspektakel.

www.hohenneuffen.de

Heidelberger Schloss

Weltweit berühmteste Ruine über dem Neckartal

Wie aus der erstmals 1225 erwähnten Burg ein Schloss wurde, erzählt die glanzvolle Geschichte des Heidelberger Schlosses, das am Nordhang des Königstuhls inmitten von sattem Grün über der Altstadt thront und einen tollen Blick über die Stadt bietet. Einst repräsentativer Sitz und Residenz der rheinischen Pfalzgrafen und Kürfürsten, fiel das architektonisch interessante Gemäuer aus rotem Sandstein zum Ende des 17. Jahrhunderts dem Pfälzischen Erbfolgekrieg und zwei Blitzeinschlägen zum Opfer. Zurück blieb die bis heute beeindruckende Ruine, die als Synonym für Romantik und als Kulturdenkmal gilt.

Um die alten Mauern ranken sich dazu Anekdoten und Legenden wie die des trinkfesten Hofnarren Perkeo oder des Hexenbisses am Torturm. Führungen und Veranstaltungen lassen die Besucher Teil der Geschichte werden, unter anderem auch bei der Heidelberger Schlossbeleuchtung oder der Schlossweihnacht. Dazu finden sich im Schloss das Deutsche Apothekenmuseum, Dauerausstellungen, Gastronomie sowie das beeindruckende 220 000 Liter fassende Weinfass.

www.schloss-heidelberg.de

Burg Rötteln

Stolze Festung, malerische Ruine und Panoramasicht

Im Dreiländereck von Schweiz, Frankreich und Deutschland liegt im äußersten Südwesten des Landes die Burg Rötteln – im Volksmund auch »Röttler Schloss« genannt. Einst war sie eine mittelalterliche Festung, heute thronen die Reste der Anlage, mitunter meterdicke Mauern, auf einem Bergsporn über Lörrach. Die Ruine, erstmals um 1259 urkundlich erwähnt, gilt mit einer Länge von 300 Metern und einer Breite von 30 Metern als eine der größten und imposantesten Burgruinen Südbadens. Neben dem Zauber und der Faszination des Mittelalters warten hier ein kleines Museum mit einem großen Burgmodell und allerlei Objekte aus der Burggeschichte wie Kanonenkugeln, Fingerhüte und Tischglocken sowie die bewirtete Burgstube. In den Sommermonaten finden in der historischen Kulisse der Schlossanlage die Burgfestspiele Rötteln statt. Kennern fallen die für Burgen eher unüblichen Quadersteine auf, die von einer aufwändigen Bearbeitung zeugen und an Kirchen erinnern. Dazu überrascht die Bauweise, die ohne Mörtel auskommt.

www.burgruine-roetteln.de

alt

Die romantischsten Burgen & Schlösser

Burg Hohenzollern

Königliches Wahrzeichen der Region Zollernalb

Schon von weitem sichtbar thront die Burg Hohenzollern, eine der imposantesten Burganlagen Deutschlands, auf dem 855 Meter hohen Berg Hohenzollern bei Bisingen und Hechingen. Magisch zieht der Stammsitz des preußischen Königshauses und der Fürsten von Hohenzollern die Besucher an und belohnt deren Besuch mit verschiedenen Führungen und einem bunten Programm. Beliebt sind die Konzerte, das Open-Air-Kino sowie der Königliche Weihnachtsmarkt im einzigartigen Ambiente. Die Möglichkeiten, standesamtlich zu heiraten, zwischen Prunk und Anekdoten zu wandeln und Ausblicke in alle Himmelsrichtungen zu genießen, runden das Angebot ab.

Erstmals erwähnt als »Krone aller Burgen in Schwaben« um 1267, wurde die Anlage 1423 vollständig zerstört. Ein Wiederaufbau erfolgte ab 1454. Anfang des 19. Jahrhunderts verblieb eine Ruine. Ab 1850 schuf König Friedrich Wilhelm IV. ein viertürmiges Schloss im neugotischen Stil, das fesselt und fasziniert. Die beeindruckende Burg befindet sich in Privatbesitz.

www.burg-hohenzollern.de

Schloss Altensteig

»Himmel« und »Hölle« und Romantik pur

Allein Altensteigs Altstadt, die mit ihren verschindelten Fachwerkhäusern aus dem 15. bis 18. Jahrhundert als Gesamtanlage unter Denkmalschutz steht, ist schon verlockend. Gekrönt wird der Besuch des Städtchens im Nordschwarzwald jedoch durch den Besuch des hoch oben stehenden Alten und Neuen Schlosses, mit seinen beiden Rundtürmen, die im Volksmund auch den Namen »Himmel« und »Hölle« tragen. Der trutzige Wohnturm des Alten Schlosses gilt als einzige unzerstörte mittelalterliche Burg des Schwarzwaldes. Im Schlossensemble ist ein Museum untergebracht, dazu hat man eine schöne Aussicht. Auf fünf Geschossen kann man sich über die Siedlungsgeschichte, archäologische Funde, typische Berufe wie Schuhmacher und Sattler und die ortsansässige Besteckherstellung informieren. Weit über die Stadtgrenzen hinaus bekannt sind die Sonderausstellungen sowie der Historische Handwerkerhof, das Altensteiger Gauklertreffen, die Weihnachtsausstellung und die Kulturveranstaltungen im Amphitheater des Schlossgartens.

www.altensteig.de

Schloss Lichtenstein

Württembergs Märchenschloss

Die romantische am Albtrauf auf 817 Metern Höhe gelegene Burganlage befindet sich im Landkreis Reutlingen über dem Ort Honau. Graf Wilhelm von Württemberg ließ von 1840 bis 1842, angeregt durch Wilhelm Hauffs Roman »Lichtenstein«, auf dem steilen Felsen ein neugotisches Schloss auf mittelalterlichen Fundamenten errichten.

Bei Führungen geht es in die restaurierten Gemächer, unter anderem in die Waffenhalle mit mittelalterlichen Rüstungen und Waffen, die behagliche Trinkstube und das reich bemalte Königszimmer – die Sicht ins Echaztal und über die Schwäbische Alb sind inklusive. Sonderführungen ermöglichen einen Gang durch die prachtvollen Privatgemächer in den oberen Geschossen und zeigen die spätromantische Wohnkultur. Beliebt ist die Burganlage zudem wegen des Schlossgartens, der Kapelle sowie der angrenzenden Schlossschenke, des Alten Forsthauses und des Abenteuerparks. Württembergs prächtiges Märchenschloss versteht sich als Huldigung an das Mittelalter und lässt die Romantik weiterleben.

www.schloss-lichtenstein.de